心一堂術數古籍珍本叢刊

書名：《談氏三元地理大玄空實驗》附《談養吾秘稿奇門占驗》

系列：心一堂術數古籍珍本叢刊　堪輿類　無常派玄空珍秘　第二輯　209

作者：【民國】談養吾撰

主編、責任編輯：陳劍聰

心一堂術數古籍珍本叢刊編校小組：陳劍聰　素聞　鄒偉才　虛白盧主

出版：心一堂有限公司

通訊地址：香港九龍旺角彌敦道六一〇號荷李活商業中心十八樓〇五一〇六室

深港讀者服務中心：中國深圳市羅湖區立新路六號羅湖商業大廈負一層〇〇八室

電話號碼：(852)67150840

網址：publish.sunyata.cc

電郵：sunyatabook@gmail.com

網店：http://book.sunyata.cc

淘寶店地址：https://shop210782774.taobao.com

微店地址：https://weidian.com/s/1212826297

臉書：https://www.facebook.com/sunyatabook

讀者論壇：http://bbs.sunyata.cc/

版次：二零一八年五月初版

平裝

國際書號：ISBN 978-988-8316-77-9

定價：港幣　　一百八十八元正
　　　新台幣　　七百五十元正

香港發行：香港聯合書刊物流有限公司

地址：香港新界大埔汀麗路36號中華商務印刷大廈3樓

電話號碼：(852)2150-2100

傳真號碼：(852)2407-3062

電郵：info@suplogistics.com.hk

台灣發行：秀威資訊科技股份有限公司

地址：台灣台北市內湖區瑞光路七十六巷六十五號一樓

電話號碼：+886-2-2796-3638

傳真號碼：+886-2-2796-1377

網絡書店：www.bodbooks.com.tw

台灣國家書店讀者服務中心：

地址：台灣台北市中山區松江路二〇九號一樓

電話號碼：+886-2-2518-0207

傳真號碼：+886-2-2518-0778

網絡書店：http://www.govbooks.com.tw

中國大陸發行　零售：深圳心一堂文化傳播有限公司

深圳地址：深圳市羅湖區立新路六號羅湖商業大廈負一層〇〇八室

電話號碼：(86)0755-82224934

心一堂微店二維碼

心一堂淘寶店二維碼

心一堂術數古籍 珍本 整理 叢刊 總序

術數定義

術數，大概可謂以「推算（推演）」預測人（個人、群體、國家等）、事、物、自然現象、時間、空間方位等規律及氣數，並或通過種種『方術』，從而達致趨吉避凶或某種特定目的」之知識體系和方法。

術數類別

我國術數的內容類別，歷代不盡相同，例如《漢書·藝文志》中載，漢代術數有六類：天文、曆譜、五行、蓍龜、雜占、形法。至清代《四庫全書》，術數類則有：數學、占候、相宅相墓、占卜、命書、相書、陰陽五行、雜技術等，其他如《後漢書·方術部》、《藝文類聚·方術部》、《太平御覽·方術部》等，對於術數的分類，皆有差異。古代多把天文、曆譜、及部分數學均歸入術數類，而民間流行亦視傳統醫學作為術數的一環；此外，有些術數與宗教中的方術亦往往難以分開。現代民間則常將各種術數歸納為五大類別：命、卜、相、醫、山，通稱「五術」。

本叢刊在《四庫全書》的分類基礎上，將術數分為九大類別：占筮、星命、相術、堪輿、選擇、三式、讖諱、理數（陰陽五行）、雜術（其他）。而未收天文、曆譜、算術、宗教方術、醫學。

術數思想與發展──從術到學，乃至合道

我國術數是由上古的占星、卜筮、形法等術發展下來的。其中卜筮之術，是歷經夏商周三代而通過「龜卜、蓍筮」得出卜（筮）辭的一種預測（吉凶成敗）術，之後歸納並結集成書，此即現傳之《易

經》。經過春秋戰國至秦漢之際，受到當時諸子百家的影響、儒家的推崇，遂有《易傳》等的出現，原本是卜筮術書的《易經》，被提升及解讀成有包涵「天地之道（理）」之學。因此，《易·繫辭傳》曰：「易與天地準，故能彌綸天地之道。」

漢代以後，易學中的陰陽學說，與五行、九宮、干支、氣運、災變、律曆、卦氣、讖緯、天人感應說等相結合，形成易學中象數系統。而其他原與《易經》本來沒有關係的術數，如占星、形法、選擇，亦漸漸以易理（象數學說）為依歸。《四庫全書·易類小序》云：「術數之興，多在秦漢以後。要其旨，不出乎陰陽五行，生尅制化。實皆《易》之支派，傅以雜說耳。」至此，術數可謂已由「術」發展成「學」。

及至宋代，術數理論與理學中的河圖洛書、太極圖、邵雍先天之學及皇極經世等學說給合，通過術數以演繹理學中「天地中有一太極，萬物中各有一太極」（《朱子語類》）的思想。術數理論不單已發展至十分成熟，而且也從其學理中衍生一些新的方法或理論，如《梅花易數》、《河洛理數》等。

在傳統上，術數功能往往不止於僅作為趨吉避凶的方術，及「能彌綸天地之道」的學問，亦有其「修心養性」的功能，「與道合一」（修道）的內涵。《素問·上古天真論》：「上古之人，其知道者，法於陰陽，和於術數。」數之意義，不單是外在的算數、歷數、氣數，而是與理學中同等的「道」、「理」--心性的功能，北宋理氣家邵雍對此多有發揮：「聖人之心，是亦數也」、「萬化萬事生乎心」、「心為太極」。《觀物外篇》：「先天之學，心法也。……蓋天地萬物之理，盡在其中矣，心一而不分，則能應萬物。」反過來說，宋代的術數理論，受到當時理學、佛道及宋易影響，認為心性本質上是等同天地之太極。天地萬物氣數規律，能通過內觀自心而有所感知，即是內心也已具備有術數的推演及預測、感知能力；相傳是邵雍所創之《梅花易數》，便是在這樣的背景下誕生。

《易·文言傳》已有「積善之家，必有餘慶；積不善之家，必有餘殃」之說，至漢代流行的災變說及讖緯說，我國數千年來都認為天災，異常天象（自然現象），皆與一國或一地的施政者失德有關；下

至家族、個人之盛衰，也都與一族一人之德行修養有關。因此，我國術數中除了吉凶盛衰理數之外，人心的德行修養，也是趨吉避凶的一個關鍵因素。

術數與宗教、修道

在這種思想之下，我國術數不單只是附屬於巫術或宗教行為的方術，又往往是一種宗教的修煉手段——通過術數，以知陰陽，乃至合陰陽（道）。「其知道者，法於陰陽，和於術數。」例如，「奇門遁甲」術中，即分為「術奇門」與「法奇門」兩大類。「法奇門」中有大量道教中符籙、手印、存想、內煉的內容，是道教內丹外法的一種重要外法修煉體系。甚至在雷法一系的修煉上，亦大量應用了術數內容。此外，相術、堪輿術中也有修煉望氣（氣的形狀、顏色）的方法；堪輿家除了選擇陰陽宅之吉凶外，也有道教中選擇適合修道環境（法、財、侶、地中的地）的方法，以至通過堪輿術觀察天地山川陰陽之氣，亦成為領悟陰陽金丹大道的一途。

易學體系以外的術數與的少數民族的術數

我國術數中，也有不用或不全用易理作為其理論依據的，如揚雄的《太玄》、司馬光的《潛虛》。

也有一些占卜法、雜術不屬於《易經》系統，不過對後世影響較少而已。

外來宗教及少數民族中也有不少雖受漢文化影響（如陰陽、五行、二十八宿等學說。）但仍自成系統的術數，如古代的西夏、突厥、吐魯番等占卜及星占術，藏族中有多種藏傳佛教占卜術、苯教占卜術；北方少數民族有薩滿教占卜術；不少少數民族如水族、白族、布朗族、佤族、彝族、苗族等，皆有占雞（卦）草卜、雞蛋卜等術，納西族的占星術、占卜術，彝族畢摩的推命術、占卜術……等等，都是屬於《易經》體系以外的術數。相對上，外國傳入的術數以及其理論，對我國術數影響更大。

曆法、推步術與外來術數的影響

我國的術數與曆法的關係非常緊密。早期的術數中，很多是利用星宿或星宿組合的位置（如某星在某州或某宮某度）付予某種吉凶意義，并據之以推演，例如歲星（木星）、月將（某月太陽所躔之宮次）等。不過，由於不同的古代曆法推步的誤差及歲差的問題，若干年後，其術數所用之星辰的位置，已與真實星辰的位置不一樣了；此如歲星（木星），早期的曆法及術數以十二年為一周期（以應地支），與木星真實週期十一點八六年，每幾十年便錯一宮。後來術家又設一「太歲」的假想星體來解決，是歲星運行的相反，當時沈括提出了修正，但明清時六壬術中「月將」仍然沿用宋代沈括修正的起法沒有再修正。

由於以真實星象周期的推步術是非常繁複，而且古代星象推步術本身亦有不少誤差，大多數術數除依曆書保留了太陽（節氣）、太陰（月相）的簡單宮次計算外，漸漸形成根據干支、日月等的各自起例，以起出其他具有不同含義的眾多假想星象及神煞系統。唐宋以後，我國絕大部分術數都主要沿用這一系統，也出現了不少完全脫離真實星象的術數，如《子平術》、《紫微斗數》、《鐵版神數》等。後來就連一些利用真實星辰位置的術數，如《七政四餘術》及選擇法中的《天星選擇》，也已與假想星象及神煞混合而使用了。

隨着古代外國曆（推步）、術數的傳入，如唐代傳入的印度曆法及術數，元代傳入的回回曆等，其中我國占星術便吸收了印度占星術中羅睺星、計都星等而形成四餘星，又通過阿拉伯占星術而吸收了其中來自希臘、巴比倫占星術的黃道十二宮、四大（四元素）學說（地、水、火、風），並與我國傳統的二十八宿、五行說、神煞系統並存而形成《七政四餘術》。此外，一些術數中的北斗星名，不用我國傳統的星名：天樞、天璇、天璣、天權、玉衡、開陽、搖光，而是使用來自印度梵文所譯的：貪狼、巨

門、祿存、文曲、廉貞、武曲、破軍等，此明顯是受到唐代從印度傳入的曆法及占星術所影響。如星命

術中的《紫微斗數》及堪輿術中的《撼龍經》等文獻中，其星皆用印度譯名。及至清初《時憲曆》，置

閏之法則改用西法「定氣」。清代以後的術數，又作過不少的調整。

此外，我國相術中的面相術、手相術，唐宋之際受印度相術影響頗大，至民國初年，又通過翻譯歐

西、日本的相術書籍而大量吸收歐西相術的內容，形成了現代我國坊間流行的新式相術。

陰陽學——術數在古代、官方管理及外國的影響

術數在古代社會中一直扮演着一個非常重要的角色，影響層面不單只是某一階層、某一職業、某

一年齡的人，而是上自帝王，下至普通百姓，從出生到死亡，不論是生活上的小事如洗髮、出行等，大

事如建房、入伙、出兵等，從個人、家族以至國家，從天文、氣象、地理到人事、軍事，從民俗、學術

到宗教，都離不開術數的應用。我國最晚在唐代開始，已把以上術數之學，稱作陰陽（學），行術數者

稱陰陽人。（敦煌文書、斯四三二七唐《師師漫語話》：「以下說陰陽人謾語話」，此說法後來傳入日

本，今日本人稱行術數者為「陰陽師」）。一直到了清末，欽天監中負責陰陽術數的官員中，以及民間

術數之士，仍名陰陽生。

古代政府的中欽天監（司天監），除了負責天文、曆法、輿地之外，亦精通其他如星占、選擇、堪

輿等術數，除在皇室人員及朝庭中應用外，也定期頒行日書、修定術數，使民間對於天文、日曆用事吉

凶及使用其他術數時，有所依從。

我國古代政府對官方及民間陰陽學及陰陽官員，從其內容、人員的選拔、培訓、認證、考核、律法

監管等，都有制度。至明清兩代，其制度更為完善、嚴格。

宋代官學之中，課程中已有陰陽學及其考試的內容。（宋徽宗崇寧三年〔一一零四年〕崇寧算學

令：「諸學生習……並曆算、三式、天文書。」「諸試……三式即射覆及預占三日陰陽風雨。天文即預

定一月或一季分野災祥,並以依經備草合問為通。」

金代司天臺,從民間「草澤人」(即民間習術數人士)考試選拔:「其試之制,以《宣明曆》試推步,及《婚書》、《地理新書》試合婚、安葬,並《易》筮法,六壬課、三命、五星之術。」(《金史》卷五十一·志第三十二·選舉一)

元代為進一步加強官方陰陽學對民間的影響、管理、控制及培育,除沿襲宋代、金代在司天監掌管陰陽學及中央的官學陰陽學課程之外,更在地方上增設陰陽學教授員,培育及管轄地方陰陽人。(《元史·選舉志一》:「世祖至元二十八年夏六月始置諸路陰陽學。」)地方上也設陰陽學教授員,於路、府、州設教授員,凡陰陽人皆管轄之,而上屬於太史焉。」)自此,民間的陰陽術士(陰陽人),被納入官方的管轄之下。

至明清兩代,陰陽學制度更為完善。中央欽天監掌管陰陽學,明代地方縣設陰陽學正術,各州設陰陽學典術,各縣設陰陽學訓術。陰陽人從地方陰陽學肄業或被選拔出來後,再送到欽天監考試。(《大明會典》卷二二三:「凡天下府州縣舉到陰陽人堪任正術等官者,俱從吏部送(欽天監),考中,送回選用;不中者發回原籍為民,原保官吏治罪。」)清代大致沿用明制,凡陰陽術數之流,悉歸中央欽天監及地方陰陽官員管理、培訓、認證。至今尚有「紹興府陰陽印」、「東光縣陰陽學記」等明代銅印,及某某縣某某之清代陰陽執照等傳世。

清代欽天監漏刻科對官員要求甚為嚴格。《大清會典》「國子監」規定:「凡算學之教,設肄業生。滿洲十有二人,蒙古、漢軍各六人,於各旗官學內考取。漢十有二人,於舉人、貢監生童內考取。」學生在官學肄業、貢監生肄業或考得舉人後,經過了五年對天文、算法、陰陽學的學習,其中精通陰陽術數者,會送往漏刻科。而在欽天監供職的官員,《大清會典則例》「欽天監」規定:「本監官生三年考核一次,術業精通者,保題升用。不及者,停其升轉,再加學習。如能黽

六

勉供職，即予開復。仍不及者，降職一等，再令學習三年，能習熟者，准予開復，仍不能者，黜退。」

除定期考核以定其升用降職外，《大清律例》中對陰陽術士不準確的推斷（妄言禍福）是要治罪的。《大清律例‧一七八‧術七‧妄言禍福》：「凡陰陽術士，不許於大小文武官員之家妄言禍福，違者杖一百。其依經推算星命卜課，不在禁限。」大小文武官員延請的陰陽術士，自然是以欽天監漏刻科官員或地方陰陽官員為主。

官方陰陽學制度也影響鄰國如朝鮮、日本、越南等地，一直到了民國時期，鄰國仍然沿用着我國的多種術數。而我國的漢族術數，在古代甚至影響遍及西夏、突厥、吐蕃、阿拉伯、印度、東南亞諸國。

術數研究

術數在我國古代社會雖然影響深遠，「是傳統中國理念中的一門科學，從傳統的陰陽、五行、九宮、八卦、河圖、洛書等觀念作大自然的研究。……傳統中國的天文學、數學、煉丹術等，要到上世紀中葉始受世界學者肯定。可是，術數還未受到應得的注意。術數在傳統中國科技史、思想史，文化史、社會史，甚至軍事史都有一定的影響。……更進一步了解術數，我們將更能了解中國歷史的全貌。」（何丙郁《術數、天文與醫學中國科技史的新視野》，香港城市大學中國文化中心。）

可是術數至今一直不受正統學界所重視，加上術家藏秘自珍，又揚言天機不可洩漏，「（術數）乃吾國科學與哲學融貫而成一種學說，數千年來傳衍嬗變，或隱或現，全賴一二有心人為之繼續維繫，賴以不絕，其中確有學術上研究之價值，非徒癡人說夢，荒誕不經之謂也。其所以至今不能在科學中成立一種地位者，實有數因。蓋古代士大夫階級目醫卜星相為九流之學，多恥道之；而發明諸大師又故為惝恍迷離之辭，以待後人探索；間有一二賢者有所發明，亦秘莫如深，既恐洩天地之秘，復恐譏為旁門左道，始終不肯公開研究，成立一有系統說明之書籍，貽之後世。故居今日而欲研究此種學術，實一極困難之事。」（民國徐樂吾《子平真詮評註》，方重審序）

現存的術數古籍，除極少數是唐、宋、元的版本外，絕大多數是明、清兩代的版本。其內容也主要是明、清兩代流行的術數，唐宋或以前的術數及其書籍，大部分均已失傳，只能從史料記載、出土文獻、敦煌遺書中稍窺一鱗半爪。

術數版本

坊間術數古籍版本，大多是晚清書坊之翻刻本及民國書賈之重排本，其中豕亥魚魯，或任意增刪，往往文意全非，以至不能卒讀。現今不論是術數愛好者，還是民俗、史學、社會、文化、版本等學術研究者，要想得一常見術數書籍的善本、原版，已經非常困難，更遑論如稿本、鈔本、孤本等珍稀版本。

在文獻不足及缺乏善本的情況下，要想對術數的源流、理法、及其影響，作全面深入的研究，幾不可能。

有見及此，本叢刊編校小組經多年努力及多方協助，在海內外搜羅了二十世紀六十年代以前漢文為主的術數類善本、珍本、鈔本、孤本、稿本、批校本等數百種，精選出其中最佳版本，分別輯入兩個系列：

一、心一堂術數古籍珍本叢刊
二、心一堂術數古籍整理叢刊

前者以最新數碼（數位）技術清理、修復珍本原本的版面，更正明顯的錯訛，部分善本更以原色彩色精印，務求更勝原本。并以每百多種珍本、一百二十冊為一輯，分輯出版，以饗讀者。

後者延請、稿約有關專家、學者，以善本、珍本等作底本，參以其他版本，古籍進行審定、校勘、注釋，務求打造一最善版本，方便現代人閱讀、理解、研究等之用。

限於編校小組的水平，版本選擇及考證、文字修正、提要內容等方面，恐有疏漏及舛誤之處，懇請方家不吝指正。

心一堂術數古籍 整理 叢刊編校小組

二零零九年七月序
二零一四年九月第三次修訂

談氏三元奇寄盧

年運人事　奇門占驗，闡明曲衷，○名山聊供知音客　（服務社會不憚顯醜）

姓 周宗　字計　數占問　事

四十三歲己酉生　誠喝良

庚宗　年農曆十二月十六日　壬己日戊午時　陰　遁大雪一局

占詞

	戴		
月辰 丁庚死	月午離 己闓	七坤乙杜	貴正才壬
四巽 傷庚 三巳	五午 癸休	胸膛 癸巳	月酉 十辛 辛生
二甲 卯震庚傷	本命	九戌 十乾 壬景	月亥
月寅 正己庚	月癸 戊中 履	十壬 一子 戊癸	貴人

宅墓行號

地理設計，發揚生氣○陋室偏多問津人

（一九五○渡荒救荒製）

（寓上海聖母院路高福里十四號研著逃大玄空全集彙理蘇州合作墓園）

民國十三年甲子孟冬．

談氏三
元地理 **大玄空實驗**

聽聽堂談氏藏版

聽聽堂藏版

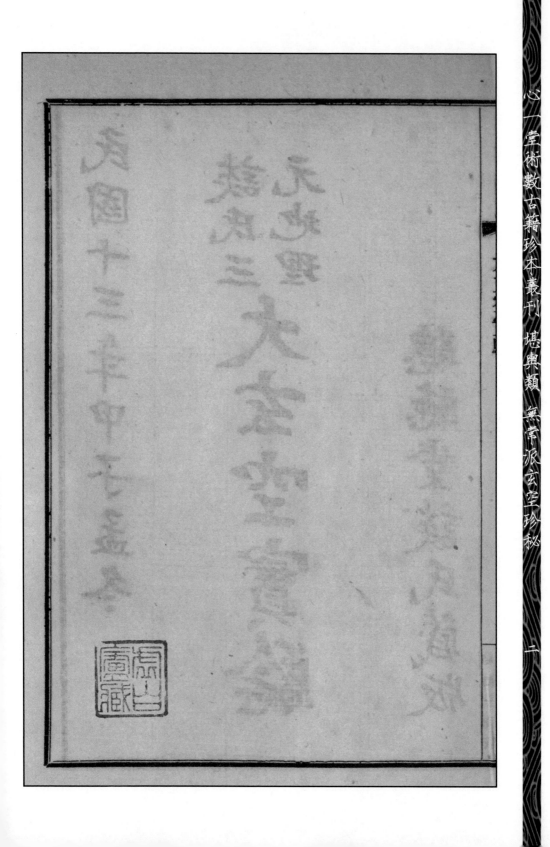

著者談養吾肖像

談氏大玄空實驗序

為人子不可不知醫醫者所以養親之生生也送死之要義。則堪輿之學薄堪輿為迷信委親之骨於罡風煞水而自修為通歐美之化生則崇之死則賤之吾未見仁人孝子之愛其親者。一生死而殊異若此而世之以堪輿自術者各挾理氣巒頭二途之一以相賤會巒頭者圍巒頭尊理氣者圍理氣不知理氣用也巒頭體也若車之兩輪去一為則仆巒頭著於顯世或有眞識理氣藏諸幽眇無術以顯之恒避而趨易時有治之者皆執三合雙山撥砂長生及卦爻卜筮子平等法以為窮理氣之妙矣夫理氣之學一大元空而已其法

原本洛書九氣運五行以配合三元九運六甲八門。而推其
生旺衰死焉爾斯學始于晉盛于唐至宋元間落入空門而
世遂無斯學明賢之明斯學乃精奇門而傍通斯學非專斯
學者也迄清蔣氏得自空門。於是始有地理辨正專書出以
救世通之者復秘之非正人君子勿傳於是雖有是學而世
之精之者蓋寥寥焉武進談子浩然慨斯學之垂絕不惜其
秘而公開諸世洩古未洩之藏俾為人子者生有以致養死
有以致安所以導天下之堪輿家勿歧其途乃所以挾天下
之為人子使勿禍其親世誠有致孝於其親者必家置一編。

寶之於靈樞素問也。

民國十三年甲子十月新安夷希微子程霖生

談氏大玄空實驗序

玄空之義本於靑囊玄空之名始於郭璞。靑囊傳自黃帝軒轅氏具天文地理五行卜筮諸精義號稱九卷今已失全地理不過其中之一端耳地理又分二要曰形勢曰理氣如漢之宮宅地形書堪輿金匱及晉之葬書等皆形家之言也今理氣之可見者祇蔣子地理辨正一書而矣其他各家之書雖多特不專不眞耳談子浩然作玄空路透己行於世惟常聞有謂其爲空理乏據淺見者本不足怪然其濟世心切必思有以證明其道因復作玄空實驗一書合形理氣數吉凶禍福於一爐要皆近時名人墓宅竟可指証其苦心孤詣誠可羨佩子攻此術近十年遇拜師友數十人自燕北以迄江

南就予之所知爲此道之眞傳者不過三四人耳。如江西黃
氏錫山章氏楊氏及武進談子已矣。其他一知半解者固多。
即是其道而牽誤不明者亦衆若天文地理會貫皆精者初
祗江西黃氏一人耳無心道人本精天文今其子孫則僅知
普通選擇楊氏得章氏傳故亦不能天星。談子與予研究甚
詳雖不精必無僞其於形勢捉胍點穴之能尤近世學者所
不及堪輿完才可稱此君矣至今所稱三合卦例倒杖撥沙。
及其他各術其根本無依據固不足辨又如所謂三元九星
黃白氣元運坐卦諸板訣亦可於讀此書後不辨自明矣談
子示書幷乞爲序國芝忝在知交因紀其實如是。

民國十三年甲子孟冬合肥李國芝瑞九序

序

宇宙間森羅萬象。竭吾耳界目界思想界之所至。有二大原
則焉一曰科學一曰心靈學科學爲形而下學由物質方面。
以窮物之源聲光化電屬焉心靈學爲形而上學由精神方
面以探物之微吉凶禍福繫焉際此科學昌明時代形形色
色未可盡述苟能善用之則假汽機以營製造藉電力以利
交通於人類生活固大有利益存也若不善用之則駕飛機
以襲敵人駛潛艇以摧敵堅於人道主義不免大相背戾耳。
處此世者假令祗知科學之可貴而以心靈學爲虛無飄渺
之談不加深究未可也英儒柯能道爾有鑒於此覺世人心

靈日益汩沒因提倡靈魂之學以冀挽回於萬一當歐戰時
代受科學界之摧殘已極此說乃大盛試推其故不過流於
巫史卜祝之類初未有澈底之著述以餉世人今談君養吾
好學深思歎人心不古異說橫流更進一步而研究術數家
言若陰陽若五行俱有心得而於形法一門尤能獨闢蹊徑
近成大玄空實驗一書用功勤用心苦蓋欲發明吾國固有
學說以救濟人心耳余嘗考古者葬不擇地亦不擇時及晉
郭璞乃有葬地之說其所著青囊經中具述陰陽順逆九星
化曜辨山水之貴賤吉凶始成爲一家言至唐楊筠松有天
玉經內傳三卷專言理氣以天星卦例生尅吉凶爲主迄於

今言理氣者均宗之雖然葬者藏也人稟天氣以生死必歸
於地先人遺骸忍令委棄但求避蚊水而已若必欲得牛眠
之地龍耳之穴以爲子孫榮華計謬矣蓋人之經營窀穸者
不必過泥右虎左龍藏風聚水之成見祇求心地光明則自
有福田以應之若心地齷齪則雖得福田亦非所有不觀夫
孫鐘孤孝而致三仙龍圖酷虐而夢二使乎可知禍福之來
由於人之爲善爲惡所致因果關係未可勉強余也投身社
會事業已久閱人多矣深慨心術之壞至此而極苟不得一
潛勢力以矯正之驚醒之正不知伊於胡底而談君之書適
成於此時其有功於世道人心者匪淺余喜其宗旨相同故

略申意見於此以弁其首。

民國十三年十月穆湘玥

序

武進談浩然先生昔著玄空路透一書。海內學者咸以為圭臬。今復著玄空實驗一書馳函囑余為之序。余謂昔公劉遷邠。相其陰陽。周公營洛伻來以圖周禮大司徒有以圭測景之法保章氏有十二歲十二風之掌明堂之制載于大戴禮。攝招之說見于天官書今其學之佚也久矣明末蔣大鴻著地理辨正一書眞理未盡宣洩其後僞說百出致使其學愈晦繼其後有德化鄧夢覺無錫章仲山輩然猶能守蔣氏之成法者也今鄧氏之學已為世所不道章氏之後守殘抱闕。繼起有人華溫諸子雖非宗章氏者也能別立門戶著書立

說似非章氏創之於前恐不能繼其後耳談先生得章氏之
眞傳者也並不囿三緘其口之僞說以其授受心法以公于
世使是學賴以不墜其功在蔣章之上矣昔先君子夙習是
學余則深慚父書未讀稍識門徑嘗觀人之第宅塚墓知近
年所卜營者非失運即背時非出卦即差錯即有合乎理氣
之說詢其為地師者非法也偶中而已孝經云卜其兆而安
厝之人子之葬親其慎重也若此今為庸師所慴吁可悲也
哉蓋戾氣所鍾影響必及于家國欲求興盛難矣使人人奉
談先生之法以為法庶幾可以轉咎為安抑余又聞之此學
之昌明皆在戎馬倉皇之際唐之楊筠松五代時之黃妙因

何會通元之幕講明之蔣大鴻是可徵也後人習其說奉其法而行之於是陰陽調和國家亦得以平治今天下大勢亦汲汲矣安危之機舍此不可余深許談先生如楊筠松輩爾

民國十三年甲子杭縣眇民沈祖綿謹序

一聽聽堂藏版

序

天下之理日新月盛習焉不察則熟視無覩惟將之以心心

愈用則理愈深心愈用則理亦愈出惟其深也故不可以淺

嘗惟其出也故不可以終秘理無窮則研究與發明亦與之

俱無窮夫豈有止境哉談子浩然精堪輿之學者也客歲有

大玄空路透之著於玄空之義似已盡情闡發毫無餘蘊矣

甫閱一年又以路透一書於玄妙處尚有未及披露於是又

有實驗之著蓋經一年之研究其玄空之理愈深愈出愈出

愈深較之客歲則所得益多矣昔孔稚圭稱周彥倫談空空

於釋部覼玄玄之道流夫空而曰空空蓋空之又空其義至

渺也。玄而曰玄玄蓋玄之又玄其蘊無盡也。如遊武夷歷一
曲仍有一曲如剝蕉繭去一層又有一層談子於此一年中。
徧歷維揚金陵錫山姑蘇粵東諸域。以窮眼界而又與海內
入社諸友通函質疑互相參考。於玄空之內容自更有卓見。
然堪天道也與地道也天地之道。至精至微以談子之用功
不懈有一度之研究必有一度之發明。將來著述之富與年
俱進又豈止實驗而已哉第恐洩盡天地之秘必招鬼神之
忌。則其書或爲六丁之所攝也談子愼寶而藏之當風雨雷
霆之會其加意護持焉可也。

中華民國十三年夏正歲次甲子秋末吳縣席裕焜拜序

序

一陰一陽之謂道渾淪磅礴彌乎六合蓋歷往古來今而莫
之能易舉萬事萬物而莫之能外者也故其爲體也無方而
其爲用則大之可以參贊化育小之可以占休咎辨吉凶而
著爲經迄晉郭璞而始挾其術以鳴世然齊梁而後非特爲
闡古河圖洛書未洩之秘堪輿固道之小者也自秦青烏子
士大夫所不道若唐呂氏若宋歐陽氏且斥其說爲誕妄不
經欲並其書而焚之不知秦以前已有用之者公劉之詩不
云乎度其隰原觀其流泉非覘其形勝而何又云相其陰陽
非占休咎辨吉凶則古人當日胡以遲回審慎不辭陟降之

勞乃爾也況玉尺之經金斗之訣以及藏風却月聚水撥沙。
技也而又進於道乎夫世之託陰陽之說以獵食者無論矣。
其有探茫索隱理抉玄妙造乎道之極而默參儀象者大抵
千金嚴帚知之而不言矣而不肯詳且盡扣槃捫燭聾瞽瞽
之誚已且將不免遂爲人指迷津而作實筏哉吾邑談子浩
然幼攻經史頗致力於詩古文辭及壯習青鳥子術旁徵曲
引瀏覽百家獨有心得去秋旣刻三元地理大玄空路透以
餉世矣旣思達其用必先明其體體而不明用何由達逐乃
覃精研思抒其胸中所蘊蓄與其平日身所親歷者著之於
篇名曰大玄空實驗復付剞劂公諸同好非衒玉也不私其

所學也駕鴛既繡復度金針視彼攟撫掇拾詡詡然自命為

一家言而究其歸則始為詅癡之符終以覆後世之醬瓿者。

不洵有霄壤之殊哉。

民國十三年歲在關逢困敦季秋中澣

同邑馮瑜惕盦氏序於半園之片石齋

序

陰陽之判肇自大易宅經起於黃帝周官載冢人墓大夫之職實開葬經之始漢形法家有宮形地形二十卷溯厥淵源由來已舊厥後赤雹青鳥之說玉尺金斗之書大暢其風於郭璞唐宋以降堪輿之學乃成專家有清紀曉嵐先生博極羣書纂修四庫總目列爲藝術之一且於筆記中時述其驗是則陰陽家言爲列代鴻儒所公認而迂腐之士目爲無據固未足以爲信也 秉剗 束髮受書承先人之緒餘亦嘗研究是說後與談君浩然同游於楊九如先生之門余以兼習歧黃故於師傳極少心得而談君則鈎深探玄獨紹薪傳近更

聰聽堂藏版

遠遊東粤。歷覽名勝於凡山川脈絡之源。圖經纖緯之秘了

然於胸。歸而筆之於書精微幽妙深切簡明。嘆為奇作。秉剑

自慚固陋於談君之學未登堂奧祗以忝同硯席。不得不聊

貢一言管窺蠡測未識有當於萬一否。

民國十三年歲在甲子季秋中浣

同學弟徐秉剑拜撰

自序

古來講堪輿者大都重體不重用。重輿道不重堪道。實則堪

輿乃天地之道非天得其天。地得其地難保正軌之不踰養

吾不揣弇陋爰將理氣各法悉心校訂先設社研究繼以編

著去年曾錄行玄空路透一書頗為同好所稱許惟其法深

奧。閱者恐難驟窺其門徑且其中多比擬之詞一時尤難領

悟。所謂得法易傳心難不實地研究終惝悅而無所依據也。

茲編不嫌煩瑣舉玄空之所未發者闡而明之引而伸之並

探錫山章氏所藏復舊記錄暨各社友往來質疑原稿養吾

平日足跡所至之地之筆記悉為刊載以冀貫徹前後想又

聽聽堂藏版

研究堪輿者所樂聞也獨是蠡測之見遺漏頗多謭劣之識。

知必不免倘愛我者恕其愚妄而匡其所不逮養吾當倒地

謝之是為序。

民國十三年歲次關逢困敦季秋之月

武進談養吾浩然氏自序於海上寄廬

談氏三元地理大玄空實驗目錄

三元奇術研究社主任武進浩然談養吾著

第四章實驗

一聽鸝堂藏版

第五章天星

三元奇術研究社主任武進浩然談養吾著

第一章玄空

● 古人對大玄空法均守秘藏

大玄空法原本洛書上通天時。下達地利中及人和以之推大局之變遷以之推人事之休咎無不應驗因之古聖先賢視爲實筏不肯輕示於人即所傳者大都略露糟粕而已言之諄諄尚以天律有禁父子雖親不肯說爲戒其道盛於三代之上及晉郭氏演經立義畧出一班及唐一行造滅蠻經。眞者漸沒僞者驟盛清初。蔣氏遇眞人無極眞傳而靑囊天

玉寶照諸經得露端倪道光末章氏解之而其道漸顯總言
之雖云天機微露實則尙未盡洩也何則窺其序文所載即
可知矣養吾授業於章氏的傳楊九如先生門下探窮求末
略識端倪因念其道不傳庶必湮沒爰於壬戌歲設社研究
抱公開之旨以濟社會癸亥冬刊有大玄空路透書一部迄
今一載已遍我國二十二行省而均有之未使不可謂傳達
之普及也而今埋頭窗下以著作爲流傳藉佈道以濟世至
今後之毀譽在所不顧本我所旨行我所行願世之明達者

其鑒諸。

● 說大玄空之母

天為一大天。人為一小天。天有五星。人有五臟。五星各有五行。五臟亦各有五行。玄空者太極也。天地人三才也。故物物有太極。即物物有玄空。玄空原本洛書九數。九數定而五行備矣。一屬水而位居正北。二屬土而位居西南。八屬土而位居東北。三屬木而位居正東。七屬金而位居正西。四屬木而位居東南。六屬金而位居西北。五十屬土而位居中央。推而至於北極。一屬水而星屬貪狼居斗之首。二屬土而星屬巨門三屬木而星屬祿存。四屬木而星屬文曲。五屬土而星屬廉貞六屬金而星屬武曲。均居斗之中。七屬金而星屬破軍居斗之柄。八屬土而星屬左輔九屬火

而星屬右弼其光暗而均居斗之傍每一晝夜運行一小週。

每一年運行一大週故斗柄指寅而爲正月指卯而爲二月。

指辰而爲三月屬春指巳而爲四月指午而爲五月指未而

爲六月屬夏指申而爲七月指酉而爲八月指戌而爲九月。

屬秋指亥而爲十月指子而爲十一月。指丑而爲十二月屬

冬。一年十二月既分而春夏秋冬四時定矣有太極而兩儀

分矣四象成矣兩儀四象分而陰陽成矣純陽而爲乾者

天也純陰而爲坤坤者地也乾坤定而天地分矣乾爲父坤

爲母得乾初爻而爲震屬長男得乾二爻而爲坎屬中男得

乾末爻而爲艮屬少男得坤初爻而爲巽屬長女得坤二爻

而爲離。屬中女。得坤末爻而爲兌。屬少女陰陽既分而男女
定矣。乾爲首坤爲腹。震爲足。巽爲股。坎爲耳離爲目艮爲手。
兌爲口。而五官定矣。心屬火肝屬木脾屬土肺屬金腎屬水。
而五臟定矣。金圓木直水屈火尖土方。而五形成矣。金白木
青水黑火紅土黃而五色定矣。太極定而八卦分。八卦分而
八八六十四卦成矣。天地定而日月分。日月分而萬物生焉。
數始於一。而終於九九九數通而無量數成矣。星起於北斗。
北斗轉而衆星旋矣。晦朔定矣。風雨生矣。堪天道與地道堪
輿之道。天地之道也。故堪輿以大玄空爲本。即以天道地道
爲本也。古語云天時不如地利。地利不如人和。故凡建立陰

陽宅尤須以種德為本人和者積德之謂也經云求地不
種德穩口深藏舌洛書戴九履一左三右七二四為肩六八
為足縱橫十五又成合十實則陰陽變易之理本諸中央中
央者猶天之樞也經云先天為體後天為用故每卦各有主
宰之時每數分為八變八卦九宮可分為八八六十四變八
九有七十二變章氏無心道人創傳心八易之說謂皆天玉
青囊之旨至以軍家八陣為比實即大玄空顛倒顛之意明
乎大玄空顛倒之機則傳心八易之說陰陽變易之理瞭然
矣經云顛顛倒二十四山有珠寶順逆行二十四山有火坑
所謂用得即為珠寶用失即為火坑又云識得顛倒顛便是

大羅仙是也。顛倒顛者。即玄空之母。陰陽之樞紐也。作者神
而明之可也。

大玄空新羅盤圖式

中央：

壬　子　癸
陽　陰　陰
地　天　人
元　白　一
上　貪　狼
男

癸乾戌
陽陽陰
地天人
下武曲六
少女

寅艮丑
陰陽陰
地天人
中左輔八
少男

乙卯甲
陰陽陽
地天人
中祿存三
長男

丁午丙
陰陽陽
地天人
下右弼九
中女

辛酉庚
陰陰陽
地天人
中巨門二
老陰

（外圈列有九宮飛星數字：
五四三二一九八七六
四三二一九八七六五
三二一九八七六五四
二一九八七六五四三
一九八七六五四三二）

聰聽堂藏版

本新盤
有其他
神省因
列版不
圓排故又
形成不便八
故圓排
注卦形成不
意閱者八

盤後即中宮立極

	中	
央	戊	
巳	陽	
陰		
皇	廉	五	中
極	貞	黃	元

九八七六五四三二一
九八七六五四三二一

大玄空、天地通自古
來。不許公養吾出首。
先攻。設社所啟發蒙。
遠道至濟濟翁我本
拙。非豪雄埋頭時努
力工照日月賽蒼穹。
甲子仲春談養吾定。

● 大玄空新羅盤說明

大玄空飛星顛之倒之為用奧妙。蔣氏宗之終以天律有禁。迄未明示於人所創羅經惟載坤壬乙巨門從頭出艮丙辛。位位是破軍諸奧語用者知其然而仍未知其所以然非素精青囊者實難窺其顛末。此外如六十四卦等等皆張心言之創例非蔣氏之物也茲姑不贅就事論事專以玄空而言三元九運二十四山向中宮立極也坐山向首也傍六宮之交會也羅經上毫無形跡可尋祗二十四山向而矣。蔣與楊曾何區別之有不過正中縫三針耳養吾有鑒於此既著有大玄空路透而於羅經不得不再形諸盤外俾用者得以按

圖推求。庶無錯雜之弊。否則徒用掌訣尚易舛錯未使非公

開之一途也茲將大玄空用法說明於次。

（二）羅經仍以中宮為主共列兩盤第一盤紅字一二三四

五六七八九為陽順飛九宮中宮第一數為一。故乾宮

第一數為二兌宮第一數為三艮宮第一數為四離宮

第一數為五坎宮第一數為六坤宮第一數為七震宮

第一數為八巽宮第一數為九可作為一運運盤算亦

可作為每運各山向之一白立極順飛算中宮第二數

為二。故乾宮第二數為三兌宮第二數為四艮宮第二

數為五離宮第二數為六坎宮第二數為七坤宮第二

數爲八。震宮第二數爲九。巽宮第二數爲一。可作爲二

運運盤算亦可作爲每運各山向之二黑立極順飛算。

中宮第三數爲三。故乾宮第三數爲四。兌宮第三數爲

五艮宮第三數爲六。離宮第三數爲七坎宮第三數爲

八坤宮第三數爲九。震宮第三數爲一巽宮第三數爲

二可作爲三運運盤算亦可作爲每運各山向之三碧

立極順飛算。此外中宮尚有四五六七八九各數飛

按照以上一二三數順飛九宮則九運之運盤定矣每

運各山向之四五六七八九立極一星亦定矣故乾宮

列成二三四五六七八九一兌宮列成三四五六七八

九二艮宮列成四五六七八九一二三。離宮列成五六七八九一二三四。坎宮列成六七八九一二三四五。坤宮列成七八九一二三四五六。震宮列成八九一二三四五六七。巽宮列成九一二三四五六七八。陽者順飛茲已說明再將陰者逆飛挨列於次。

（一）中宮第二盤黑字一二三四五六七八九為陰逆飛九宮中宮第一數為一。故乾宮第一數為九兌宮第一數為八艮宮第一數為七離宮第一數為六坎宮第一數為五坤宮第一數為四震宮第一數為三巽宮第一數為二可作為每運各山向之一白立極逆飛算中宮第

心一堂術數古籍珍本叢刊　堪輿類　無常派玄空珍秘　四〇

二數爲二故乾宮第二數爲一兌宮第二數爲九艮宮第二數爲八離宮第二數爲七坎宮第二數爲六坤宮第二數爲五震宮第二數爲四巽宮第二數爲三可作爲每運各山向之二黑立極逆飛算中宮第三數爲三故乾宮第三數爲二兌宮第三數爲一艮宮第三數爲九離宮第三數爲八坎宮第三數爲七坤宮第三數爲六震宮第三數爲五巽宮第三數爲四可作爲每運各山向之三碧立極逆飛算此外中宮尚有四五六七八九等數推算法按照以上一二三等數依次逆飛九宮故則每運各山向之四五六七八九立極一星亦定矣故

乾宮列成九一二三四五六七八。

三四五六七艮宮列成七八九一二三四五六七八兌宮列成八九一二

成六七八九一二三四五坎宮列成五六七八九一二三四離宮列

三四坤宮列成四五六七八九一二三震宮列成三四

五六七八九一二巽宮列成二三四五六七八九一以

上九宮大玄空挨星列成既已說明再將其用法詳述

之。

（一）上元一白運立壬山丙向壬丙均屬地元先看向首丙

上。離卦陽盤第一數爲五黃五屬戊己戊屬陽己屬陰。

五黃隨地卦之陰陽爲陰陽臨坎離震兌四正卦則爲

戊己巳臨乾坤艮巽四隅卦則爲巳戊丙向屬陽以

戊來配丙。戊屬陽即以五來入中立極順飛九宮查看

紅字陽盤每卦之第五數即知向盤飛佈九宮之挨星。

乾卦第五數爲六兌卦第五數爲七艮卦第五數爲八。

離卦第五數爲九坎卦第五數爲一坤卦第五數爲二。

震卦第五數爲三巽卦第五數爲四此向盤之飛星也。

再看坐山壬上陽盤第一數爲六白此六即爲坐山之

父母卦以六入中立極六屬乾乾卦之地元卦爲成。成

屬陰來配壬山逆飛九宮即看第二盤黑字每卦之第

六數即山盤之飛星可知矣乾卦第六數爲五兌卦第

六數為四艮卦第六數為三。

六數為三離卦第六數為二。

六數為二坎卦第

六數為一坤卦第六數為九震卦第六數為八巽卦第

六數為七則山盤九宮之飛星定矣方知壬山丙向之

大玄空飛星中宮立極為五六乾宮交會為六五兌宮

交會為七四艮宮交會為八三離宮交會為九二坎宮

交會為一一坤宮交會為二九震宮交會為三八巽宮

交會為四七如立天元子山午向及人元癸山丁向則

看向首離卦紅字第一數五黃以己來配午丁即以五

入中立極逆飛九宮即知離卦外盤黑字第五數為一

白坎卦坐山第五數為九紫再看傍六宮之第五數為

何則向盤之飛星定矣坐山紅字陽盤第一數為六白。
六屬乾成乾亥系之即以乾亥來配子癸乾亥屬陽即
以六白入中立極順飛九宮則看陽盤每卦之第六數。
坐山坎卦為二向首離卦為一故乾卦山向盤交會為
四七兌卦交會為三八艮卦交會為二九離卦交會為
一一坎卦交會為九二坤卦交會為八三震卦交會為
七四巽卦交會為六五如立丑山未向則以坤卦陽盤
第一數七赤為向首立極之星艮卦陽盤第一數四綠
為坐山立極之星艮坤寅申山向同論如二運立壬山
丙向則以離卦陽盤第二數六白為向首立極之星坎

聽濤堂藏版

卦陽盤第二數七赤。爲坐山立極之星子午癸丁山向同論。如三運立壬丙子午癸丁山向則以離卦陽盤第三數七赤。爲向首立極之星坎卦陽盤第三數八白爲坐山立極之星。如四運即看第四數五運即看第五數。六運即有第六數七運即看第七數八運即看第八數。九運即看第九數不論何卦二十四山向均照此法推算。則三元九運二十四山向。大玄空飛星均可一目瞭然。毋庸掌訣挨排矣養吾以羅經名曰大玄空新盤者。此其道也。

● 傳心八易解

章氏無心道人心眼指要載有傳心八易圖以一九二八三

七四六入中逆飛九宮另列中五變易圖註曰兵法之八陣。

係國家之安危醫方之八陣司性命之存亡地理之八易順

天氣之流行關子孫之興替並云須參考青囊天玉之機自

能略見一班按大玄空飛星顛之倒之名無定名位無定位。

若以謎語教人鮮有不南轅北轍所謂弄巧成拙者是也或

有以此圖質之養吾者養吾既抱公開之旨豈敢稍事隱匿。

爰爲申而明之質之先達其亦以爲然乎否乎。

歷來講眞三元者均用玄空辨正全部左挨右挨江南江

北。江東江西所講莫出於此大玄空挨星形之於刊本者

厥惟錫山華氏湛恩。天心正運一書養吾授業於此曾聞
述及趣語謂當時華氏授業於其門爲時已久而所授者。
厥惟玄空挨星顛倒三八之理。此外別無所得爲北斗打
劫之法未悟忿而退學謂曰玄空之祕乃至於如此。我今
已知者不得不形於外而公之於世因以付刋焉此雖傳
聞之詞而推之於歷來大家暨章氏之祕不無可信查傳
心八易者實即玄空顛倒三八之理其原本以後天中五
立極分順分逆順則爲六七八九一二三四逆則爲四三
二一九八七六六變爲四辰巽巳系之七變爲三甲卯乙
系之八變爲二未坤申系之九變爲一壬子癸系之一變

為九丙丁午系之二變為八丑艮寅系之三變為七庚西

辛系之四變為六成乾亥系之一而八之八而一之所以

通變化所以辨天心顚顚倒倒顚洛書九數每數有變。

每變有八。一而變為二三四五六七八九。二而變為三四

五六七八九一。三而變為四五六七八九一二。四而變為

五六七八九一二三五而變為六七八九一二三四六而

變為七八九一二三四五七。而變為八九一二三四五六。

八而變為九一二三四五六七。而變為一二三四五六

七八。此所謂八易也此所謂八變也八而一之一而八之

者此也其所日傳心者非口舌所能道非筆墨所能書在

人運會之而已。養吾所定大玄空新羅盤每卦列有九數。

分陰分陽。分順分逆者。亦即傳心八易之意。明乎八易之

道則天心辨而靑囊天玉之機得矣。三元九運二百一十

六山向之玄空挨星明矣。坎本一數。一入中順飛而變爲

而變爲五。震本三數三入中順飛而變爲一。逆飛而變爲

六。逆飛而變爲五坤本二數二入中順飛而變爲八。逆飛

五巽本四數四入中順飛而變爲三逆飛而變爲五中本

五數五順飛而爲五五逆飛而變爲五所謂皇極是也乾

本六數六入中順飛而變爲七逆飛而變爲五兑本七數。

七入中順飛而變爲九逆飛而變爲五艮本八數八入中

順飛而變爲二逆飛而變爲五離本九數九入中順飛而

變爲四逆飛而變爲五此八易之一易也八變之一變也

明乎此八易之一易八變之一變則八八六十四易八八

六十四變舉一反三而瞭然矣欲知已易之易變成之變

已在鄙著大玄空路透書中閱者諒之

● 三大卦

玄空三大卦經四位而起父母一四七二五八三六九是也

一爲上元第一運四爲中元第一運七爲下元第一運二爲

上元第二運五爲中元第二運八爲下元第二運三爲上元

末運六爲中元末運九爲下元末運經四位者即由一至四

聰聽堂藏版

輪值第四數。由四至七。由七至一。均輪值第四數。由二至五。
由五至八。由八至二。亦為第四數。由三至六。由六至九。由九
至三。亦為第四數日。經四位者此也。有此經四位之父母。然
後產生子息。以運為父母。即以山向盤立極之星。及各宮交
會之星為子息。以山向立極之星為父母。即以各宮交會之
星為子息。有父母即有子息。則八卦定。經四位之父
母有定。山向立極之父母則無定。各宮交會之子息則更無
定。活潑潑地非可拘泥也。

● 打刦

經云。不直達則取勝無先鋒。不補救則善後無艮策。打刦者。

即直達補救之意。惟亦有定數不可妄自竊取以破軍爲尅者。臨破軍之位。即爲可尅之數。尅之而又不能獨得。須與離宮相合方爲眞尅。註曰從現在而逆數到第七。以第七數逆數到破軍本位。即爲可尅之數能得眞尅。則一運兼收兩運之氣在本運先用下運之神。本非我物而先自爲用。猶盜跖之尅物。故曰打尅。自一逆數至七爲四。再以四逆數至破軍本位爲二。即知上元一運可尅之數爲二。自二逆數至七爲五。再以五逆數至破軍本位爲三。即知上元二運可尅之數爲三。自三逆數至七爲六。再以六逆數至破軍本位爲四。即知上元三運可尅之數爲四。自四逆數至七爲七。再以七逆

十三

聽聽堂藏版

數至破軍本位為五。即知中元四運可尅之數為五。自五逆
數至七為八。再以八逆數至破軍本位為六。即知中元五運
可尅之數為六。自六逆數至七為九。再以九逆數至破軍本
位為七。即知中元六運可尅之數為七。自七逆數至七為一。
再以一逆數至破軍本位為八。即知下元七運可尅之數為
八。自八逆數至七為二。再以二逆數至破軍本位為九。即知
下元八運可尅之數為九。自九逆數至七為三。再以三逆數
至破軍本位為一。即知下元九運可尅之數為一。換言之即
每運之生氣是也。惟打尅與乘生氣不同。其奧旨即在離宮
相合一語。在傍六宮即為乘生氣。其力薄弱。在本宮即為打

刧其力大而久遠猶人之儲蓄然在傍六宮者為定期存欵。

非俟到期。不能取用尚宜假手於人在本宮者為無定期存欵隨時可以取用不受外界拘束淺言之即在本運為旺向。

至次運仍為旺向在本運建立可旺四十年正運非與離宮相合則否故每運之真打刧祗有一向其說明已載鄙著大玄空路透書中閱者按圖查看自可瞭然矣。

● 出卦與不出卦

卦有天卦地卦之分顚之倒之日往月來在在之陰陽在在之父母者天卦也離南坎北震東兌西二十四山者地卦也。

地卦可出而天卦不可出地卦雖出。而天卦仍不出者出之

無妨。地卦出而天卦亦出者。爲之眞出須合玄空五行與來

水山龍處處安治方可否則即犯陽差陰錯凶禍立見經云。

己丙宜向天門上亥壬向得巽風者即出卦之意兼論兼

取之法天門者乾六是也巽風者即巽四是也查四六運之

己丙亥壬山向其地卦天卦之出不出不難窺其顚末也他

如三七運之辛戌乙辰亦含天卦不出之意辛亦有旺氣到

山戌亦有旺氣到山乙亦有旺氣到向辰亦有旺氣到向豈

非不出乎。

●龍空氣空龍實氣實

龍指體言氣指用言經云山上龍神不下水水裏龍神不上

山。此龍神。係隨時變易之龍神。所謂理氣是也。山有山之龍
神。水有水之龍神。山有山之用法。水有水之用法。玄空大卦。
顛倒顛之用法。不出到山到向。上山下水及會合坐山向首
一卦三者之外。山管山水管水。到山到向為第一著會合坐
山向首為第二著。上山下水為第三著。龍空龍實乃指坐山
之形勢言之氣空氣實乃指坐山之用神言之龍空之地必
求氣空龍實之地。必求氣實。龍空氣實即為山上龍神下
水。龍實氣不實即為水裏龍神上山。故不論山龍水龍坐實
坐空。須合隨時變易之龍神不犯上山下水方可點穴不拘
拘於龍實龍空論短長也。總言之空亦可。實亦可空有空之

一聰聽堂藏版

用法實有實之用法。明平空實之法。則玄空之眞奧得矣。

●本山本向說明

洛書九數每數有每數之吉凶。或應富或應貴各不相同者也。總言之當旺者貴失令者敗非運運貴運運敗也玄空用法隨時變遷當坎氣旺時。即取子山子向。坤氣旺時。即取坤山坤向。震氣旺時。即取卯山卯向。巽氣旺時。即取巽山巽向。中氣旺時即取中山中向。乾氣旺時。即取乾山乾向。兌氣旺時。即取酉山酉向。艮氣旺時。即取艮山艮向。離氣旺時。卽取午山午向。所謂本山本向者即旺本氣時。即立本山本向是也。上元有一二三。中元有四四、五五、六六。下元有七

七、八、八、九、九。一為山之一。一為向之二。一為山
之二。一為向之三。一為山之五。一為向之三。一為山
之五。一為向之三。一為山之六。一為向之四。一
為山之七。一為山之七。一為向之八。一為山之八。一為
山之九。經云乾山乾向坤山坤向卯山卯向午山午向者此
也。有乾山乾向而無乾水乾峰者。必無狀元之出。有坤山坤
向而無水坤流者。必無富貴永無休之應。有卯山卯向而無
卯源水者。必無碩崇之富。有午山午向而無午來堂者。必無
大將入干之應氣與形合形與氣通方有是應。此無他總不
出天心橐鑰而矣。不拘拘於某山某向必宗玄空之交會已

聰聽堂藏版

也乾山乾向者六六也坤山坤向者二二也卯山卯向者三

三也午山午向者九九也質之高明其亦以爲然乎否乎

●四個一四個二

經云江東一卦從來吉八神四個一江西一卦排龍位八神

四個二此語有含深意實則不過取用生氣而已江東者震

卦也當三運時上元將盡一卦不能兼通兩卦必取將來之

氣以承之八神四個一者即八神中取四個一是也四個一

合成四即在三運時當兼取四綠之氣是也江西者兌卦也

當七運時雖爲下元之初運一卦仍不能兼通兩卦必取將

來之生氣以承之故曰四個二四個二合成八故當七運時

必取八白之氣以承之下句曰南北八神共一卦者。即其餘
江南江北各卦。共此江東江西一卦用法。兼通之則端的無
差矣。即在一運時取二黑二運時取三碧三運時取四綠。四
運時取五黃五運時取六白六運時取七赤七運時取八白
八運時取九紫九運時取一白之類是也

● 取輔不如取三吉

天元取輔人地兼貪已成萬古不易之語。經云貪狼原是發
來遲坐向穴中人未知立宅安墳過兩紀方生貴子好男兒。
又云取得輔星成五吉山中有此是眞龍貪狼左輔本爲吉
神。然用失其所。亦能爲禍秘旨云流道在坎宮遺精洩血坎

宮高塞而耳聾叉曰艮破碎而筋枯臂折。山地被風吹還生

風疾紫白賦云。八白同臨而添丁不育於此可見貪輔之爲

用。非拘拘於悠久也。在天元二運時八白爲零神即至其當

令之時已距百數十年。人地兩元。至一白當令時亦距百數

十年。惟在下元將盡之時五吉已成三吉自以兼貪爲宜三

吉者接氣近而獲益多與其睼欠不如取現先師敎人取輔

之法非舍近就遠之詞爲能先收三吉再取五吉悠遠之氣

是也。上元一二三中元四五六下元七八九。上元二三四三

四五中元五六七六七八下元八九。一九。一二氣運貫穿不

稍間斷。故此云云。

● 雙山雙向

二十四山兼取之法總不出五分。出五分三合家謂之空七向。三元家謂之雙山雙向。此向惟空門中用之為多。取其空而又空也。至於普通家為用甚少。因其吉凶參半。故也萬不得已而用之必左右前後形勢氣力相等。立某山向則某水某山不利。立某山向則某水某山不合。左右為難。惟有多兼分度之法以補之多兼分度則勢成雙山雙向。左右前後勢均力敵凶不全凶吉不全吉此惟陰宅間或用之。至陽宅則還以不用為上。

● 再論男女命宮與大玄空五行之關係

聰聽堂藏版

男女命宮星相家用以配合上中下婚姻及東西四命實則
皆非作者本意紫白乃三元之本男女命宮原本紫白豈非
命宮與玄空有密切關係在焉故玄空交會命宮受剋者輪
值年月紫白飛到本宮再得見形見氣則凶禍立見前著大
玄空路透中已論及此惟其推算法尚未詳註今不得不再
加說明男命上元甲子起一白中元甲子起四綠下元甲子
起七赤女命上元甲子起五黃中元甲子起二黑下元甲子
起八白一順一逆按訣推算男命上元甲子生一白乙丑生
九紫丙寅生八白丁卯生七赤女命上元甲子生五黃乙丑
生六白丙寅生七赤丁卯生八白依次類推茲將養吾所經

歷者記載於左滬南某宅係上元三運子午癸丁山向離門

緊閉不出入在宅之震卦開門二常時進出宅主戊辰生命

宮屬六白此宮火金相剋乾為老父宅主多傷據稱已病年

餘且極危險養吾即勸其將震門不走改用離門內門改走

艮坤兩方取旺氣輔星以制化之不久即愈又某宅同運壬

丙子午開兌門幼房七赤命宮同數相剋多孤獨之人據云

夫婦反目已數年即令將兌門不用以資挽救命宮與玄空

之關係於此可見一班矣。

●九貧一發

凡陰陽各宅同在一地往往有某宅發某宅貧某墓發某墓

貧或以為各人生命之不同。實則非地理之關係天運之不
同。有以致之也堪與不出體用二字體則人人得而求之猶
人之衣服然。某為布。某為綢。一望而知。用則隨時變易。窮通
莫測。狐雖好而用於夏令則為害葛雖美而用於冬令則為
禍。其為害為禍者。非狐葛之能殃人實天時之不同為之也。
陰陽宅之九貧一發者亦猶是也。楊公取為比例。極言體用
之有密切關係。非某地終貧某地終發也。合時則貧者發失
時則發者貧檻褸之衣尚可避風雨糟糠之食亦能充飢饉。
在乎用得其宜耳。

●經驗一端、

人之閱歷隨年歲而進非三元一端如是也養吾十九而從
師迄今十六年所建陰陽各宅不下數千種初以為得法歸
來天下無敵繼則細心經歷數年後更覺其難而不見其易
再數年而尤覺更難左以為安而右不合此以為是而彼以
為非體既合矣而用不合用既合矣而孟仲季各命宮有礙
取其財而少其丁旺其丁而財則薄合其男丁而女丁欠寧
顧己則妨人顧人則礙已適其境也如臨大敵槍林彈雨四
面楚歌雖云擇其善者而用之然在此方寸之間論其短長
判其吉凶殊非易易甲問而領之乙詢而點之不知者疑為
痴聾實則當此時也如負千鈞在身無暇顧及其他語云醫

生誤一人。地師誤一門。可不愼歟。

● 堪輿亦濟世之一

語云良醫濟世因人人不能無疾病人人不能不延醫也竊

謂堪輿實與醫藥並行人人不能不講陰陽生養死葬在所

不免今人所以關之曰迷信者實爲術士誤人致之也古人

恆以翻尸覆槨爲戒不可爲不防之於未然實因其道隱秘

無人能窺其顛末易爲人所欺耳養吾一本濟世之旨與醫

學相上下公開以傳道救貧以行道寧爲江湖所吐罵不爲

俗流所污溺以四海爲家以天地爲旅至成敗與否聽之天

而已矣。

●用干支與天星

陰陽家選吉普通者均用干支實則干支非以之選吉實以之記歲故蔣公採用天星不用干支當時咸驚駭之以爲神煞乃最凶之物至人不可侵犯惟採用天星可以不避神煞惟不論何時可以與工可以動工蔣氏之後迄未有人行用惟清末謝一團鄉瘋先生深知此訣曾著天元選擇辨正風行於世恐人不之信其陰宅陽宅造葬特選最凶之神煞而犯之迄未絲毫見凶當時遠近誼傳謂有異術能制三煞實則非也用天星選吉始于三代後人畏難苟安而忽之耳猶今之三元法然自唐之後風行三合反置數千年最古之三元

於不問可勝浩嘆今而後宜仍遵古道以喚起天星為用至

其用法容後詳述。

●說太極

太古無天地先有太極有太極然後萬物生天地有天地之太極人有人之太極萬物有萬物之太極所謂物物一太極是也太極既立然後方向定方向既定而吉凶於是乎分未立太極之先則一舉一動無分主客無分吉凶太極者猶天之樞紐人之腦海也有天然之太極有人造之太極植天然之太極也器械物品人造之太極也有人造之而後天然之太極附焉為陰陽宅之太極即人造之太極也太

極既定則處處有經緯處處有子午線處處有東西南北處

處有八卦方向某也吉某也凶一定不易如陰陽宅未立之

前則太極未定無方無向無吉無凶一任吾人爲之可也故

凡陰陽宅。如欲剪裁須於未立太極之先剪裁在後則一草一木。

後則一草一木均爲我用太極在先剪裁在先太極在

均爲太極所阻故曰太極有人造天然之分者此也人即太

極太極即人者亦此也。

●體用並重

自古談地理者不曰巒頭即曰理氣不曰理氣即曰巒頭類

皆偏於一隅不知二者相爲表裏氣附於形形附於氣猶電

燈之為體電氣之為用。無體則用不附。無用則體不靈亦猶

人之有軀殼有靈魂耳然體之美惡盡人而知試有一人焉。

其面貌之如何身章之何若雖童子均能識之至其性情之

善惡資質之高下須有識者方能辨其得失又如食物然當

其炊餐之初食之則香脆適口。如失其烹調之時則雖山珍

海味不適於口矣。此巒頭之易識理氣之難辨亦盡人得而

知之也。故歷來講地理者巒頭之法已公開盡淨坊間刊本。

不下數十種隨手拈來閱之皆井井有味。無庸索解。惟理氣

則皆守為寶筏各是其是各非其非即同為三元而用法不

同。如蔣大鴻之所解辨正原本玄空顛倒之義而後人硬以

六十四卦之易理。翻成顚倒以爲闡發蔣氏之秘。不知堪輿之道乃天文地理之道張氏心言註疏硬以六十四卦配成得失已失其所以地理之道可以六十四卦判斷吉凶天文何以不用六十四卦推其日月晦朔經緯宮度然歷來談天文者未聞以六十四卦爲言均以七政四餘爲準不知易之六十四卦另具深奧先聖先賢皆精究之乃關乎天運之消長張氏爲能道之地理上所用者乃周易之一部份耳如繫詞之類是也今世不察以爲地理須用六十四卦誤爲蔣氏眞詮。不知乃張氏心言別開生面以博聲譽之一舉耳其於輿道何益哉簡言之六十四卦之理氣乃聖賢王霸之道非堪輿

之理氣也。經云。翻天倒地對不同。其中秘密在玄空。此乃蔣

氏之眞詮理氣之妙道也。有其體即有其用。即有其

體。其地之發不發靈不靈乃時運之所繫耳。故有此地宜於

此運。彼地宜乎彼時。得其時則發失其時則不靈。能體用兼

得則必發必靈。一定之道也。謂余不信。請覆舊墓即可瞭然

矣。

● 再說體用

地理形家載有何星何體應出帝王。何星何體當出公候。此

雖恍惚之詞。而體格之高下。堂局之大小。乃一定不易。毫無

勉強。有其氣即有其形。宛如物類然。金則爲金鐵則爲鐵玉

則為玉石則為石不能相混也惟其此地應於何時發祥何

時得力除非用玄空理氣推算不可地固吉矣而用非其時。

則雖為金玉而不免鐵石地固不吉矣而用得其時則雖為

鐵石而猶可為之金玉養吾歷復舊墓往往堂局甚大而用

非其時者詢之土人云已一敗墮地或則丁財兼傷堂局或

平平而用得其時詢之土人云有丁財大發者或間有小貴

者。總之無所謂形家與氣家也形氣不能稍離猶人之體質

與靈魂然體各有體用各有用萬無脫離之理惟形則向來

公開氣則向守秘密養吾近著各書言氣不言形非舍形而

求氣實欲將氣悉數公開之而已矣閱者諒之竊願世之研

究輿道者再以形家之書兩兩相參之也可。

●向首一星災福柄去來二口死生門

此語載蔣公天元五歌陽宅篇內養吾設社以來各方持此見質者不少。此語實爲陽宅最要之關鍵經云詩三百一言以蔽之曰思無邪堪輿理氣各法。一言以蔽之亦不過向首及水口而已。陽宅最要之處。厥惟大門氣口左右及後方如有窗門。其氣尚靜養吾歷卜各家陽宅屢試屢驗凡其宅向首有旺氣者必發生氣尚屬其次至於衰死在向首勢必一敗無餘所謂旺氣即當元之令星是也。如四運四綠爲旺五爲生五運五爲旺六爲生之類是也。如三運之陽宅子午癸

丁。令星到向。壬丙則向首爲二黑衰氣今交四運則壬山

丙向令星到向。子午癸丁則向首爲三碧衰氣。故陽宅開山

立向之最要者須向首有令星飛到。乃爲最吉至於陰宅之

與陽宅畧有不同者因陽宅之動處。厥惟氣口。左右均墻壁。

其氣靜即宅外有形有氣在宅勢必難見陰宅則否令星到

向亦可。到山亦可。總以水口及來龍入首等處爲重因陰宅

前後左右皆無堵塞有形有氣。一望而見。在穴均得其氣水

之力量最大者惟來去水口。至於過堂之水。毫無效驗如向

首有生旺之星兼有水口則吉。如向首無旺氣水之來去口。

輪值生旺之星則亦吉。如向首既無旺星及有力之水去口

來口叉無生旺之星則勢必一敗墮地凶禍頻頻矣如三運

子午癸丁之墓向首有令星交會本可謂吉惟形勢全無並

無水口三叉聚水所有三叉明堂聚水均在傍六宮則山向

雖吉而用不得所亦能召禍叉如三運壬山丙向向首雖爲

二黑衰氣然向首形勢並無水口三叉明堂所有三叉明堂

均在坐山或其他生氣輔星三吉五吉之方則山向雖不旺

而用得其宜定可發福故陰宅陽宅之區別在此一端而已

所謂災福之柄生死之門者此也茲特不憚煩瑣用敢表而

出之以告屢屢質疑者。

●看陽宅法

經云。位位生來。重重尅入用者恆誤以五行之生尅爲斷不知論五行之生尅惟命宮與玄空五行及年月紫白有此看法。至陽宅之大門二門內門則不能以此板論如在第一重門看法則將羅經安定第一重門上看門之外面水口道路橋梁山峰等。一切形狀須處處在山向盤玄空五行之生旺方。此之爲第一重門之位位生來反之即爲重重尅入看第二重門看法則將羅經安於第二重門上再看第一重之氣口在何方在生旺方即爲第二重門之重重尅入至於宅外之水口道路及一切形勢則概可不管至於第三重第四重及一切內門看法按

即爲第二重門之重重尅入至於宅外之水口道路及一切內門看法按

照隨間論間之法則絲毫不爽矣如按照上海房屋看法如

一宅三間兩廂房大門開在中間看大門向之吉凶須將羅

經安於大門上看門外之道路水口在何方即可知其一宅

之吉凶矣如住在東廂房者則大門氣口必在坤卦住在西

廂房者其大門氣口必在巽卦看其有無生旺之氣抑或衰

死之氣則東西廂房各人之吉凶當然不同明此則陽宅之

看法得矣

談氏三元地理大玄空實驗卷一終

三元奇術研究社主任武進浩然談養吾著

第三章紀載

●記我邑陰陽宅之風俗

我邑地勢平坦，多膏腴之地，山龍少而水龍多，故陰陽宅之建造，較他處爲講究，惟地脈嫩薄，發跡易而難久遠，故數代不替之家，殊不多見，然較之近海諸區，則稍勝，物產多華麗品。人性敏而能文，爲蘇省之中心區，村落連綿，大則數百家，小則數十家，多瓦房平屋，居十之六，高樓居十之四，皆坐實朝水，前後多樹少竹，塲上舖以磚石，而平土者亦多，平屋高

丈餘高樓約二二丈左右在村落略少在市鎮居多近市多石

路磚路皆慈善家舖之當造屋時必先請地師相卜擇定吉

期然後動工上樑時水木工同到宅主備糕糰角黍由最高

之樑上拋下口說吉語先向主人拋之後向衆人齊拋東西

南北拉雜擲之俗云搶拋樑其時左近男女老少麕集如蟻

得之者歡聲如雷以爲最樂之事樑上繫以紅布袋袋中置

錢數枚取與帝號之吉利者如太平嘉慶等類並置有萬年青

一顆取與隆萬年之意繼之實水木工以利市及酒筵此陽

宅之大概也至陰宅之建造則用土工俗名甲子凡人之初

喪也必在三日內入殮視天時之寒暖及死者年齡出入行

之。既殮之後。則安置堂上。至其出殯之期。普通三日。或五日。

或頭七。均不擇吉俗名血喪。如山向通利。則於出殯日葬之。

如山向不通利。則暫厝田間。用草薦蓋之。或用瓦蓋之。然此

風尚居十分之二三。而在夏令居多。因田間多水難葬之故。

至冬令則葬者多。而厝者少。葬時擇定山向。土穴居多深則

二三尺。四五尺不等。上覆以泥築以圓壙。首空一缺門以

防遠年磨滅。武邑不及錫邑常邑。松林絕少。錫邑則過之。此

非建造者之不栽。因風土略有不同之故。堪輿家多三合。而

少三元。惟無心道人一派。尚有十二。然不易請教。鄉人以便

就便耳。近惟業師楊先生最廣。惟地勢遼闊。分身不及。去冬

患疾以來地方更歎人少耳。

●寧揚遊記

江寧為我省省會督省兩長駐焉養吾久有一遊之志所恨
羈身於俗無暇及此欣於今年夏得李先生瑞九之約遂同
往焉是日乘江華輪起程行計三十餘小時江水汹汹誠壯
觀也沿江地多崑下多水少山惟在近寧一帶山龍較多抵
寧後雇轎出南門經王家莊馬頭山周村牛頭山而至艮家
窰遂憩於此是地山龍較他處為不同綿延如瓜籐處處開
面砂分龍虎惟山多平龍氣脈似緩見有結穴之處尚未葬
用詢之土人云地師多三合家陰宅均簡略不求精細陽宅

多草屋而少瓦房。河道絕少鄉人往來均乘驢馬。並以耕種。

一村三數十家。驢多五六十頭。惟在古里村板橋善橋一帶。

皆大河可通船隻。並有馬路。在鄉五日所見不過如此即由

審轉赴揚州。應黃先生益之之請。黃君係維揚實商信用素

著。其陽宅在西城。係南北山向。內五行均吉利其陰宅係二

三運東南山向。水法極佳惟地勢低窊。少龍氣似嫌丁衰即

以補龍之法告之事畢。與戴先生北山等。同遊平山堂及仙

人掌等處。此地均崗龍戴先生新遷祖坟等。均爲代卜天下

第五泉即在平山堂並有宋六一居士像照存焉此山與鎮

江金山遙遙相對勢甚壯也。在瘦西湖雇一小舟。經徐園小

釜山。是日天適微雨黃先生招待周至。於徐園設宴寬待素

食內有荷花缸二均係鐵質重約數千金據云係先朝古物。

佈置極佳亦維揚新闢之勝境也傍晚道經盧氏坟查碑記

係三運乙辛卯酉向對五亭橋坤乾兩宮均瘦西湖闊處均

合。惟向首直河直達當面所距不過三數丈似嫌不合未免

損傷且地勢窳下未免水穴歸寓時已薄暮明日即歸查審

揚地脈一高一下不畱霄壤審地曾建都並爲省會揚地則

雖經隋帝南下轟然一時迄今成爲古墟亦地脈有關也。

● 蘇錫遊記

時值夏令本非遊歷之時。然春夏秋冬四季各有樂趣。因謝

君蓉蓀之約遂同往焉先至錫邑廟港橋代卜仁昌絲廠該廠原係三運癸丁子午向首大塘河自庚酉辛來消巽方畧有反形右有枝浜一後爲滬寗路據云該廠自開辦以來叠更人經理均失敗按地勢兌方來水尚形氣亦不妥現在巳交中元應改西南坤向。令星到山到向離方六白吉神來水輔星亦吉巽水不見內門亦稍更改將來應可順利。午後赴青山灣此地以龍山爲龍虎砂前山作案。寺名青山爲起脈正身應主發地廟貌森森現又添造新屋。係壬山丙向在四運體用兼得定卜香火連綿下山轉赴楳園一遊園內楳樹林立布置極善誠城西第一勝境也內有

學校一。即園主榮先生創設先生為實業家樂善好施名震

遐邇傍晚回城再遊公園紅男綠女足跡相連因時值夏令

大都來園乘涼作消遣之樂耳明日謝君又有蘇州范坟之

約遂赴焉是日天有微雨幸交通便捷不為裏足至蘇即雇

小船一經楓橋西津橋直達天平山轉雇小轎二遂上山焉

至天平見山上風石壁立形如朝笏相傳范坟本為絕地一

夜雷雨變成活地名曰萬笏朝天者此也養吾竊察范坟形

勢與堪輿之法實有不能已於言者竊為當時未使不用相

地家卜之左右龍虎砂前面小珠作案兩傍澗水作界已成

天然局勢即使現在地學家亦必以為可用於此可見絕地

之說爲不確。乃體用兼得之應也。未知識者其亦以爲然否。

遊范坟約三小時回經蘇城某巨商壽坟用石工建造據云

工程已數年可爲壯矣細按地局係水龍甲庚卯酉坐空朝

滿巽水入口左水環繞可知非三元家用事至楓橋遊寒山

古寺訪陶先生福庭先生爲博學家精古學於三元爲尤深。

敘談一小時回寓翌日再遊玄妙觀內中古蹟極多惟屋宇

傾坍不堪大有今昔之嘆矣是日乘滬寧車道經崑山下車

再赴陳宅卜吉傍晚而返。

● 滬東陰宅概況

滬江地頻東海爲萬水歸宗之所中爲浦江所隔其氣緊聚

聽聽堂藏版

浦西。故市場會萃於此。至浦東方面則脈氣稍緩。惟較之平

洋竅下之區。尚稍勝耳。養吾未至其境。以爲其地必竅下不

堪定。多水穴。非堆做不可。今春爲川沙顧君昔孟之請。遂經

其地。竊觀此處陰宅已葬者。果皆堆做。未葬者皆暴露於外。

閱之心爲不忍。詢之土人。據云。因爲無吉地。故而不葬。養吾

以爲不然者。在焉該處地果鬆弱。而龍氣尚佳。非一片汪洋

之地可比。最低之地。龍在地面行欲接龍氣。故從堆做。竊按

浦東一帶龍尚在地下行。泥色淡黃。應與平陽之地相等。今

堆做之是已脫氣。所謂南轅北轍是也。按葬法本以愈速愈

妙。暴露久遠。則生氣絕滅。欲得天地之靈氣。更見其難。古天

子七月而葬諸候五月而葬士大夫三月而葬庶人逾月而
葬。其法可爲詳矣。而後人泥於吉地難會。而竟至暴露若此。
可勝浩歎。按此風不特滬東若此。他處類此者亦比比也。死
者已矣。生者何安。而拘拘於祖宗之枯骨以求福利押心自
問已失孝意。生養死葬爲吾人應盡之責。今有一人焉暴露
其體置之烈日風雨之中。而凍餒之哀號之聲遍於野。而求
援於我我心安乎所謂惻隱之心人皆有之。吾人既死而受
此暴露之苦哀號於冥冥之中。而人不知覺安乎否乎吾於
滬東一隅進以忠告之語快取急葬之法以妥先靈勿謂地
脈不佳而久久暴露也謂予不信且待來年當知鄙語之爲

不誣也。至其將來所得之樂利。堪輿上用法之若何。容後續
告。

●記嘉定一遊

嘉定為蘇省文人藪竹刻亦最有名同學趙君飛六久有此
約未果行去年臘月却喜有陳先生灝泉之約十四日適為
南翔宓姓營葬留宿一宵。十五日陳君到翔偕往是日天時
晴明。由翔乘輪赴嘉路計二十四里川資兩角至嘉時約在
上午十一時即僱客船一經練淇至東門離城五六里之某
村午饍陳君祖璧亦在於此係上元三運癸丁山向地勢堂
局堪佳路經某氏墓問係二運寅山申向向對城塔震宮出

口巽方大水汪洋離坤向首均有水。惟力稍緩無濟於事據

土人云自葬後三十餘年傷丁三十餘連年小口青年人不

利幸闔宅人丁素衆尚有數房經商查秘旨所載不尅我而

尅我同類多鰥寡孤獨之人所謂旺氣受制自有此應所幸

傍宮水法尚佳否則不堪設想矣據云當時向對城塔取其

文筆之意不知文筆須有文星乃可應驗否則反爲凶煞耳。

及歸途遇某大律師縱談天下事兼及堪輿謂此乃孝子仁

心不得不盡非事求福足以避禍可矣養吾深贊其意當時

陰陽原道亦本此旨後人畏之若蛇蝎尊之如神靈一舉一

動必本陰陽實則大有不然者在爲萬事必求中庸過猶不

及。均非其道在人擇其善而行之可也。

● 洞庭一遊

洞庭地頻太湖四面環水為蘇省富饒之區。今年五月。與薛
君浩豐席君啟孫謝君蓉蓀等往遊焉至其地。觀夫山勢挺
秀最高者為莫釐峰蜿蜒向南分枝開窩者不少是日先至
山巔。一察大勢次日即赴天津灣尋龍是處山勢雄壯堂局
深遠傍經某當局祖塋按碑係光緒癸未一運壬山丙向正
坐莫釐峯穴落平洋。左右水合聚向首之玄消巽方。此葬後
應可得力三四運更旺按之體用。可稱三元不敗之局。次日
又至俞塢尋龍此處堂局寬大據云為洞庭最有名之一塢。

步行入塢見左右名墓林立大都皆側形惟最深處尚有眞
結路經某洋行買辦某氏祖塋係同治四年乙丑乾巽亥巳。
本身落脈蜿蜒生動向首太湖遠眺此山亦爲發祥之地一
運三運最得力丁財兼優勢所必然中元四運則稍遜又見
葉氏祖塋嘉慶七運酉卯辛乙一吉之局失運即不利又某
氏陽宅三運乾巽亥巳令星顚倒門行震宮建後即不利鄙
即勸其四運大修以迎生旺之氣定可大發其餘從略不載。
次日歸寓又應某氏之聘轉赴木瀆爲其一決墓地該地係
甲庚局面水法均合惟嫌地近大河氣脈稍薄交下元後恐
人丁稍衰地理之難乃在乎此。

●粵遊一束

粵省為風水最盛之區。歷觀古來大家。均以此為發軔地養

吾自設社以來屢有人勸往一行。因羈身交通分身為難迄

今年夏六月。因事離職。專事三元。遂得固行陳先生傑初以

此行相約。遂於六月初四日乘綏陽輪起碇。初七日至廈門。

登岸遊鼓浪嶼全境登日光巖見怪石挺立上刻棲雲二字。

查所刻石字均宣統年間居多諒係近代所關之勝境也山

之東南隅見有一墓按碑記係光緒庚寅年成辰兼乾巽山

向坤離巽海水汪洋本身風石高壓體既不合用亦隔雜友

人問以吉凶鄙即下以斷語乃丁衰財薄之局也恐香火已

絕矣人皆頷之下山至洞天酒樓西餐記某廟一聯云波紅

光浴日嶼碧浪排天此語極佳輪停五小時復起碇行二十

四小時至香港因時已深夜停泊箕灣至初九晨登岸前

某財廳長及某氏已備汽車等候遂登車駛往羅便信寓所

下榻焉午後乘汽車爲其一卜新宅明日周遊香港全境車

行約五小時經某爵士祖塋查碑記係二運庚甲其葬時係

一白運向首山水合朝之玄出坎坎卦海水湧聚三運發數

千萬本身開面眞結乃體用兼得之大地也即晚爲某銀行

陸某陶園之宴次日渡海乘汽車遍遊九龍全境至元朗鎭

時已正午遂停車中饍旣畢復上車環山而行共約八小時

復至發軔原處。已全境風景印入腦海矣。語云遺山倒海觀
乎九龍一隅。可以信矣。有前爲山今爲平地者。有前爲海今
爲市塲者。於此可見人定勝天之功效矣。次日復遊香港山
巓俯察落脈之厚薄宅之在嫩枝者。均爲發祥之家在澗水
相冲之區者均多駛削若某大老之宅適當其衝凶事頻頻
同行者領之。十四日乘輪轉赴香山行約八小時川資兩元
五角此處離城尚遠爲民國某偉人之發祥地歷觀該處諸
大名山其工程據土人云動輒數千金或築以磚或築以石
且一山均有動物之名此處諒多喝形家多山少平地山多
小砂砂中之石皆卵圓形易於遷徙非我省之石排綿亘也。

山上多松少水草壳頭者居多諒係熱帶溫帶之別耳是行

為時僅匝月所卜舊墓不下數百種普通者實難盡載茲舉

其一二聊作參考某氏祖塋係九運辛乙酉卯交上元一白

運大發科甲至二運修之即大敗土名豬肝膽窩中之乳自

為結地而其體雖合其用不符修之則卦氣變換應主大敗。

故堪輿之最難者在此一點耳又該處李某為人卜葬已三

十餘年其所點穴場皆過峽處橫騎龍據云無一家發祥者。

其自稱名師乃怪僻如此某日往觀前清閩浙總督某氏祖

墓地名出水象堂局雄壯向對海口乃大地也查係辛乙酉

卯據云係明時所立惜無碑記考其葬時元運然有此偉大

之體自有發祥之時。不過時運之遲速耳。象之本身爲白米
山。龍向東行。白米山西爲黃龍出洞蜿蜒如生。此處名墓林
立屬何氏者居多皆辰山戌向。堂局寬大。即近代他姓所立
者。亦皆大發。地理之關係人事毫無疑義也。返茶元路經一
地。友人云請爲一復吉凶。竊觀墓貌森森堂局尚佳。按碑紀
戊午年立辰山戌向。坤水來朝經離消巽。兑卦乾卦小水鄙
即下以斷語曰此墓做後即凶無一年得利者。據云庚申年
主人亡後生一遺腹子數月即亡。現已敗絕云。此水法不合
之關係也。理氣之驗如此。又覆某財長祖墓二運癸丁山向。
向首三山朝拱坤水合聚三運財源大旺。又某氏墓名燕子

撲樑查係七運坤艮申寅向首高山轟立坐山秀山更高同

治丁卯庚午中舉惟多損傷此四一同宮科名頓發之意也。

惜七赤破軍得勢是以多傷能在一四運修之則大吉翠亨

某大偉人祖塋九運戌辰乾巽腰裏結穴可稱午山午向午

來堂其宅二運寅申甲庚逆龍逆局在中元宜乎修建據鄉

人云昔白鶴仙鈐記有云土名黃草崗萬頃作明堂金星塞

水口燕石在中央鯉魚朝北岸旗鼓在南方誰人尋得著代

代出君王或即此地此乃鄉人土談極有趣味因以記之聊

作參考又某氏陽宅一運亥巳入宅大門在丁方建造未數

年即大敗按玄空五行離宮為五黃此時尚屬死氣自主不

利。如當時行巽門。則迄今尚可大旺三運並可添丁。其凶全
在氣口聞者懿然。又某宅一運乾山巽向三間兩進廚房在
正宅之西入廚內門。正在兌方此方七四交會金木相尅在
三運時更凶鄙即勸其將兌門閉塞否則癆病血症不免主
人云巳出血症三人並產啞子二人兌爲口自有此應。七月
初八日遂乘新審輪返港當因地方不靖。即請常駐該地之
某營長護送登輪到港時已深夜一點仍寓舊東處翌日爲
容姓卜新宅。基係西南寅申艮坤局勢海水汪洋案山朝拱。
中元最合之局也又鄰居某姓新建甲山庚向宅氣運稍促
耳次日乘佛山輪赴省當因人地生疎雇車遍遊各勝境至

第一公園內有音樂亭。係南洋烟公司簡氏所建花卉極多。

空氣新鮮記亭榭一聯云消酷暑爲清涼世界適飲啄便富

貴神僊盤桓片時而出路見各兵士及商團排隊行者數起。

某街高搭翠樓。係恭祝成立慶典記其一聯云民氣歡騰喜

璧壘一新且看大地河山分耀祥輝星九點妖氛毒掃顧烟

烽四靖。盡撥漫天雲霧常留正色日重光時因酷暑逐於涎

香樓煮茗並至大新公司屋頂。一察省垣全境四面洋房林

立多山多水其面積較之滬濱則稍遜焉次日仍乘原輪返

港此遊時雖極短。而全城風景已略見一班矣。到港後諸友

尚堅留數天欲研求三元古學遂畧爲開導十五日仍乘綏

陽輪返滬。十九晨抵埠往來幸獲風平未致暈船亦最樂之

一事也聊誌數語以資不忘云。

以上遊記共計不過三數篇因昔曾兼任交通職務所有

各地邀請無暇分身今年春諸同志屢以專職相勸遂決

辭兼任專事研究得略遊數地以後東西南北定無稍暇。

所有記略後當續載閱者諒之。

談氏三元地理大玄空實驗卷二終

三元奇術研究社主任武進浩然談養吾著

第三章書信

●南京來函

五月三日手示敬悉。廣告費前途既不願受自應寄上玆郵
匯大洋兩元又天元選擇四本均祈檢收前登新聞廣告均
由二舍弟紹介區區之意何足挂齒登報之後羅經有無問
津者念念舍間所辦甲山庚向之塋地玆繪圖呈閱該地巽
方有龍無水七雖凶星似居弱地惟今年年紫白七赤居於
方金力不免又強若本年十月安葬是月紫白七數又至

巽位路透云本人命宮已經受尅若再值年月紫白重重尅入則凶禍立見是該地與命宮三碧之丁顯有危險可知弟擬該地能年月紫白變動即可無碍或改至丙寅年再葬如改月不改年亦可葬即擇吉日為之是否可行敢煩再代裁酌以定行止再者凡人口衆多之家每一山向總是命宮有利有不利若處處遷就則難乎其難弟以為若遇此種山向只可避重就輕能保無大妨碍足矣或此坟山向不利再葬他坟以補救之不識高見以為何如蕭此奉懇敬頌道安

●附甲山庚向圖

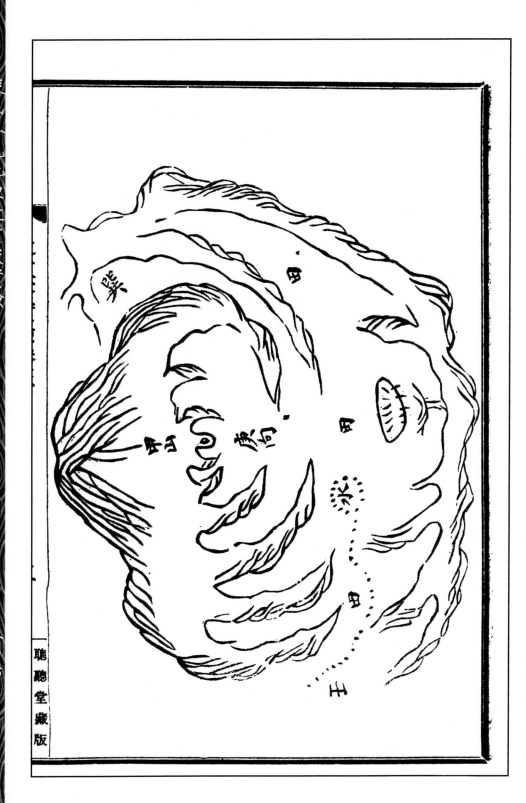

聰聽堂藏版

● 復書

疊接寄件藉悉一切。查甲山庚向之地形勢理氣均合所嫌者惟命宮一點耳凡人口眾多萬難盡合祇有用選吉一法以補之儘可作用以後並可再覓他山扶之尊論確合至理其吉期至秋末冬初選定後再行通告合宅吉庚請即寄下天星選擇書甚合鄙意如寧地尚有請再購一部價目若干便乞示知先生待人至誠當思有以圖之也耑復敬請台安

● 江陰來函

惠函貴來開我茅塞遊年之不足信敬領教矣惟遲遲叨教者因瘰之困人迄今尚未全愈今特草投教附繪圖一紙尚

祈朗察即望明示以定奪床坐北朝南門在巽方四運令星
到。未知吉否蹉跎韶光浮生一夢不孝有三無後爲大年方
艮巽顛倒陰陽咬不破一個鐵椎子悶塞胸中終未瞭瞭今
春所閱之書如地理辨正直解及辨正疏其中云一運則乾
宗一是。總之河圖體方而用圓洛書體圓而用方體用互兼。

祈朗察即望明示以定奪床坐北朝南門在巽方四運令星

到。未知吉否蹉跎韶光浮生一夢不孝有三無後爲大年方

二十有五作此牢騷語能不被哂笑也耶再有詢者先生謂

不才用功已久實則毫之研究此道於今春方探門徑挨星

之訣。陰陽順逆知其然而不知其所以然子午卯酉配乾坤

艮巽顛倒陰陽咬不破一個鐵椎子悶塞胸中終未瞭瞭今

春所閱之書如地理辨正直解及辨正疏其中云一運則乾

兌離震巽坎艮坤二運則壯暌革妄升蒙漸觀遊絲風颻莫

宗一是。總之河圖體方而用圓洛書體圓而用方體用互兼。

河洛並行縱橫十五中皇立極數往者順知來者逆提剛所

以契領得魚端賴有筌倘不以膜外視之而肯肺腑吐露俾

閱一知二由淺悟深此地理之云乎亦大道之汲引也引領

神馳敬頌大安。

● 復書

今日接大札藉悉熱心竊爲堪輿一道可與醫學並行實爲

人人不可缺之學識不特爲已並以救人以後凡遇親友等

建築事宜概可從事開導共占樂利亦種德之一法也查尊

居三運未山丑向現擬改用巽門查玄空五行並無四綠旺

氣輪值七赤破軍凶多吉少欲乘旺氣宜用兌門爲合庚子

生命宮一白合成同宮主發顯名並產秀士鄙著路透書中。

已有說明。查玄空五行。隨間論間當以建造時之元運爲主。

不能以地卦之生旺論短長吾人第一爲丁。財則次之四月

十九日曾因合肥李氏之請赴審六日二十六日轉赴揚州

黃氏卜地其家二三運乾山巽向地勢低窪四面環水結成

孤龍應主丁衰初一日回滬下月初欲赴粵一行將來如有

便擬到澄一行至催丁一法非難事也玄空用法他書均未

透露至辨正疏六十四卦更不可據請按照玄空五行復人

墓宅即可知其靈驗矣特此奉復順頌台祺

● 附三運陽宅未山丑向圖

犬門

灶

廳　廳

井　天

內門

內房　房

房

房

天井

東

西

後　街

● 蘇州來函

夙仰泰斗未親敎益悵悵閱上月二十七日新聞報。知大箸
不日行世。欣何如之。未知書若干卷價若干金祈即示知以
便寄購竊地理之學自唐一行後僞說蠭出莫可究詰兼之
江湖謀食之士泰半僅識之無以致天心正運失傳已久弟
先父竹礽府君專修此學數十年箸有青囊序挨微青囊奧
語挨微天玉經挨微玄空秘旨詳解章氏墓斷直旨飛星訣。
堪輿諸書僞正攷十餘種當時從學者少繼起無人弟黎據
自愧遺椸雖在奈當時遠適異國趨庖時少雖一知半解總
未能詳參精義他日有緣趨階請益幸莫大焉蔣氏於此學

厥功匪淺。繼傳姜于二氏。語亦可探至范氏雖宗蔣氏而飛
挨陰陽。未得要領。故乾坤法竅一書神非而貌亦不是張氏
泥於六十四卦。且閱書未多。不知蔣氏以六十四卦爲分金
之用。溫氏則語焉不詳。章氏則玄之又玄至朱氏地理辨正
補則挨星總圖。一無是處尹氏則昧於原理謝氏增註清正
可誦。倪氏增註則文不達意然皆恪守不輕洩漏天機之謬
說明其用者則啞然失笑昧其體者則茫然無知先君子當
時力破其說以爲事無不可對人言西洋科學各書明白曉
暢。且有教師教授而成功者亦屬寥寥故所著各書批明許
人借鈔違者作不孝論近將墓斷直旨一書托旌德江太史

莘農校正行世原本在黃伯瑜先生處餘書均為友人借去

先君子於丙午年殁易簀時猶謂咸同以來斯學不講今之

地理學泥於三合自命知三元者未明河洛之學失傳已久

得公昌明啟廸功德無量不獨人民之幸而國家亦蒙無窮

之福矣馳書先容并乞賜復祗頌道安

● 附玄空秘旨跋

玄空秘旨一卷目講僧撰無錫章甫仲山曾註此書目講本

宜興儲氏子從陳友諒為大將楚亡後為明太祖所獲宮之

放歸遂為僧余友儲鑄農即其苗裔也此書外行世者尚有

平洋元言鈴記各卷平洋元言毫無精采處至鈴記辛酉春

聽聽堂藏版

將來得有善本再行校定註者何人今不可攷先君子謂其

此本作吳景鸞撰不知所本詞句與章氏所刊者互有出入。

箸立空秘旨今原本在逐初處亦作目講僧撰與仲山相合。

者乎此等書誤人匪尠必盡火之然後正宗始顯先君子昔

未載明確實山向豈能以古人糢糊影響之隱詞按圖索驥

此山水葬時元運一誤其禍立見即僅以巒頭言而鈐記亦

道而不知讀此書詢可鄙矣余生平痛惡各種鈐圖以爲同

僧者適足以輕之矣吳地俗師喜譚目講鈐記逢人津津樂

同用典敘事皆村學輩口吻與理氣尤多相悖彼之重目講

客宜與徐逐初家獲讀之與浙中通行之吳賴周劉諸鈐相

尚合理氣想亦可採之書也爰錄寄莘丈公好。

● 復書

惠函敬悉先生爲三元世家。經驗宏富偉論諸家弊病針孔
藥到確合至理鄙人念古學之將湮社會之顚沛是以不憚
鄙陋設社研究從事編著大玄空路透書一俟出版即當寄
贈一部。作拋磚引玉之計付刊草率舛錯難免還乞隨時教
正爲幸。附記立空秘旨跋。詳述目講履歷尤爲人所未道按
玄空秘旨各說參以陰陽宅吉凶十有九驗足見奧竅。惟爲
用者大都茫然不知所從耳。按堪輿一法巒頭易理氣難。故
鄙著路透不講巒頭專講理氣想明達者決不以此而見咎

聽聽堂藏版

也。恭復敬請大安。

●滬函

接十二月三十一日惠書指示種切歡感無旣尊論立命一
節爲至精確之正義內外比較得失乃定均至言也敝寓係
三運亥山巳向兼壬丙三度丙午上有二里許特朝之水距
宅二十丈許午水盤旋作勢折入坤宮更有四里許兌流注
入坤上三义然後分水一路往東從宅前橫過一路向乾亥
宮曲折而去中多三义交會自南往北約四里許里門外即
華德路隔河高房即德大廠在丙午丁一卦之中由里門至
內弄氣口均在內字上單開間入門爲天井一上二下樓房

後面附有灶披屋一間。後門開在壬字上。灶在披屋內坐亥

字上。火門向坤申。樓梯在樓房之亥字上。行動房門在牀位

之乾字上。兌宮微走動。日間惟早晨中午在舍飲食。因素食

有年。且廢止晚食。已三年。住某行樓上。弟上元癸酉生。弟之

先父母墳墓較寓所為稍勝。三運用事。卯山酉向兼乙辛三

度。汪洋之水聚於乾宮。距穴里許。大水折入兌宮向首成玄

字形。三折水均在兌宮。一卦收清小浜頭至穴前左邊而止。

自入口處到穴前約半里。坤宮環水安靜離宮照水明淨有

力。距穴約半里又弟治事處。無何可取。隨便寄跡而已。本行

營業機關及庖厨均得利。本行開業於戊午秋季。連年獲利。

丁庵亦占餘潤行中實習生以丁未生人為優共有五人學

業名譽均殊勝一留行充書記餘四人均荐拔至漢口天津

聯號供職先後開除二人均癸卯生壬寅生一人入行未幾

即升拔頗有賢名倘亦可供研究資料乎先生新病初愈急

宜靜攝如有見教處不必勞動筆札遲日趨謁時指示至級

感也專此馳奉順叩道安

◉復書

江函敬悉查三運亥巳兼壬丙離上水來特朝為六白武曲

加臨之地折入坤宮又為天元之輔星兌流為中元旺氣三

宮均為上吉一路向乾宮曲折消出所謂龍空氣空是也隔

河高房爲當元旺氣理應坐空朝滿里門內弄氣口均吉後

門在壬字上輪值破軍似嫌不合宜常走大門爲合灶門向

坤與輔星火土相生主發田宅房門在乾宮兼及兌宮一生

一旺諸多順利再查三運卯酉乙辛之墓圖汪洋之水聚於

乾宮折入兌宮又成之玄之形所謂水對三叉須認踪放

水生旺有吉是也交中元四綠乾水得用發福悠久坤水離

水一輔一武更合聯珠之遇定產文士兼合補救惟有一白

命宮者稍爲不合故金墩宜低不宜高此山合局合運所謂

體用兼得是也承詢命宮一節前已說明現當上元木運丁

未生人命宮屬三與時相合自應當旺癸卯生人命宮屬七。

與時相友自應多咎壬寅生命宮屬八與三爲朋亦應見用。

以上均由弟經驗得來請留意試驗當知不誣也耑復順頌

台安

● 奉賢來函

接誦來函并指明種切悉宗雲間敬佩敬佩前呈之圖係先

祖父窀穸之所造於二黑初運先考妣附修於三碧中運以

戌乾位反弓水屢見不利不得已擬將此水填滿而西北水

無來路勉擬將向首經過之源圓灣兜轉通艮轉乾以冀免

危於癸年而滋長於四運到頭不及酉能免三煞否亥方本

不必動太歲可任自然已方本有水從辰巽上圓轉可免七

煞否。局形似窄。生氣略減。擬於坤位通小木橋。總之此局本是土木形。河面僅二丈餘。南北百二十尺。東西四倍之。庚方進口百步以外矣。對卦對年已形災厄。左右二位恐再生變。急於修合。原非得意至云掛穴云云。避凶爲事。趨吉本無此心。務乞方家於無可沒法之中。勉湊急就之法。感謝無旣此請台安。

● 附壬山丙向圖

●復書

接奉瑤章藉悉急於修築今年癸亥年神之欠通尚屬其次。

可用天星擇吉概可不論。惟按照墓圖局勢本屬不合開之

塞之。形勢雖覺可觀內五行仍屬不合所謂美中不足是也

查二運壬山丙向乾宮之水為廉貞死氣巽宮之水為破軍

煞氣三碧修之吉不全吉庚水飛值離火例主不吉長房欠

寧命宮有六白者最凶且坤水來朝有命屬二黑者受中元

旺氣尅制為最忌鄙意不如另換局勢為合形體雖欲講求。

理氣亦不可不講所謂體無用不驗用無體不靈是也未知

高明以為然否請酌奪可也肅復敬請大安

●南京來函

回南檢得尊著大玄空路透兩冊立說淺顯指謬周詳讀之

令人猛省飛星一道聚訟千年非得三易爲之基實無判斷

之能力讀歷史五行志及星歷各書矛盾之處爲之啞然足

下以河體洛用二八易位詮義著用排布九運用神則衰旺

生死顯然可見百家門戶一掃而空洵足爲治易之助竊嘗

謂地圓之說發明於四千年前一六共宗一九同用即是足

下以卦無定體運隨時遷亦得此意弟羈居省會不克時相

過從下星期可返申願與足下商榷一切當不我棄手此奉

佈即請撰安

● 滬函

地輿之學保存吾國數千年來無人闡發之國粹可慶可敬。

鄙人自幼學習此道曾得有異人指教因鑒夫近世風鑑家之腐敗類皆識字無多與乏正當營業之輩滿口巒頭理氣妄斷禍福敲人竹槓藉此以謀衣食可笑亦復可歎至於叩其玄空大法之精微則體用均毫無根底維有一二三四配六七八九之僞法自欺欺人而已是以鄙人效金人之緘口嚴守秘密不願輕爲普通風鑑道破尤不願以地輿爲營業諒貴社執事諸公宗旨純正決非此輩可比故特致函貴社下列四問請詳細答復鄙人願執弟子禮與諸公一研究之

（一）地理之書汗牛充棟究以何種最眞確。（二）玄空二字

不知如何解釋。（三）普通所云體用。究屬何者爲體何者爲
用。（四）中國大勢入四綠運後。當有何種變化。

● 復書

敬復者惠函已悉尊論近世風鑑家之腐敗確合至理其故
何在實因於歷來大家不肯公開。有以造成之也泰西各國
學識有進無退爲有研究機關專修之也我國則有退無進。
知者不爲人言不知者妄加測度年久以來幾至湮沒且爲
社會所不齒可勝浩歎做社有鑒於此特爲招人共同研究。
以求精益非尊札所謂泛泛者流也玄空原本太極運用八
卦與易理相通顚之倒之取其玄之又玄之意此非近代創

例。乃千古以來之成語地理一書有唐以前尚有圭臬可循。

唐以後則僞者百出莫可究詰竊以爲楊曾廖賴四大家。及

蔣章等書尚屬不誣在人任擇之可也河圖爲體洛書爲用

此先後天之體用也巒頭爲體理氣爲用此用中之體體中

之用也四綠爲斗杓第四星名曰文曲理宜文化大盛惟天

時牛屬人事近世變亂已久吾人厭亂心切物極必反造成

昇平之世可預卜也先生才高學富且得有異人傳授出類

拔萃可欽可佩如蒙見愛務請枉駕一叙不勝企禱專復敬

頌道安。

●二運辛山乙向兼酉卯圖

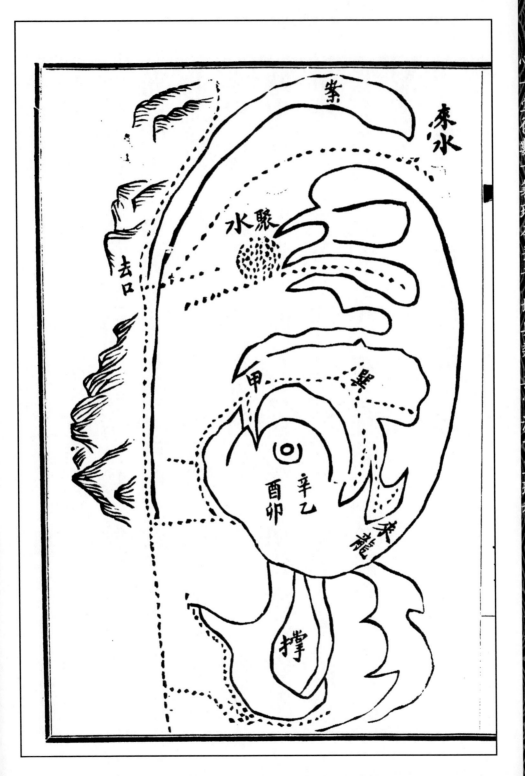

逕啓者。天玉經內傳江東一卦從來吉。八神四個一。謂八卦
之中。經四位而起父母。就將江東卦之挨星用法。指明何卦
而為父母。謂一卦只管一卦之事。不能兼通他卦之用意。于
江西一卦。南北八神共一卦之義。懇請示明。一部天玉經無
非父母二字。謂倒排父母蔭龍位父母排來到子息。東西父
母三般卦。父母排來看左右。更看父母下三吉。說來說去。總
是三般卦之用法看此義意混合三元九運弟不明起父母
之奧。妄自測度。總屬模糊。懇祈條分晰類一定不移。將此大
元空訣竅透測胸中毫無疑義。方見先生開誠佈公有造於

今世者矣茲將墓圖一紙請評判爲要。

●復書

來函囑詳批墓圖及天玉經諸語鄙人才疏學淺愧不敢當。

先生學富淵源定必有以敎之也茲姑不憚醜陋畧述於次。

查江東江西一說實係葬乘生氣一法江東震卦三碧運取

四個一合成四江西兌卦七赤運取四個二合成八其餘南

北八神依此類推運爲父母則山向立極之數爲子息立極

之數爲父母則玄空交會之數爲子息父母無一定子息亦

無一定均從顚倒顚出來故曰顚排三般卦亦即顚倒顚之

義。一四七二五八三六九三般卦之一也。一二三二三四三

四五四五六五六七六七八七八九八九一九一二亦三般
卦之一也三般卦是活潑潑地隨時而在之用神非拘拘於
地盤之一二三四五六七八九也養吾一本公開之旨知之
為知之不知為不知毫無隱匿總之玄空之奧竅非筆墨所
能書在人運會之而已矣查尊圖二運壬寅年葬辛乙兼酉
卯形如飛鵝穴在腹部口銜聚水鬼撐為足形成天然向首
聚水案山令星兼到旺氣得勢惜乎氣運將盡易興易衰耳
坐山金氣重重丁亦不旺艮宮蘆蕩亦為不合好在坤宮來
龍來水三運尚不至大凶時交中元為之稍遜鄙意以為此
地體合而用不合能在三運修之乃為全吉尊意以為然否

釐筆直書維冀教之是幸。

●泗州來詞

踏破鐵鞋二十年。陰陽未解個中玄而今識却江東隱若得

豁然須浩然。

●復詞

閱歷滄桑年復年。此生未解個中玄而今聊作東山客成敗

是非聽自然。

●蘇州來函

捧讀手教幷尊著三元路透將於蔣氏心法宣洩無餘欽佩

莫名弟雖茅塞敢不自勉惟云實驗各法俟後續刋已編輯

成書不勝渴望斂廬本年秋將後進樓房重行改造茲繪一

略圖呈正懇請法眼鑑別其方位元運衰旺及門房灶三事。

尤關重要務祈逐項指示俾便合法布置如公暇能爲設一

形局圖案尤爲跂禱盼求之至原有淤浜疏通有無關係亦

希詳示是幸崇瀆即頌撰祉。

　●附午子丁癸宅圖

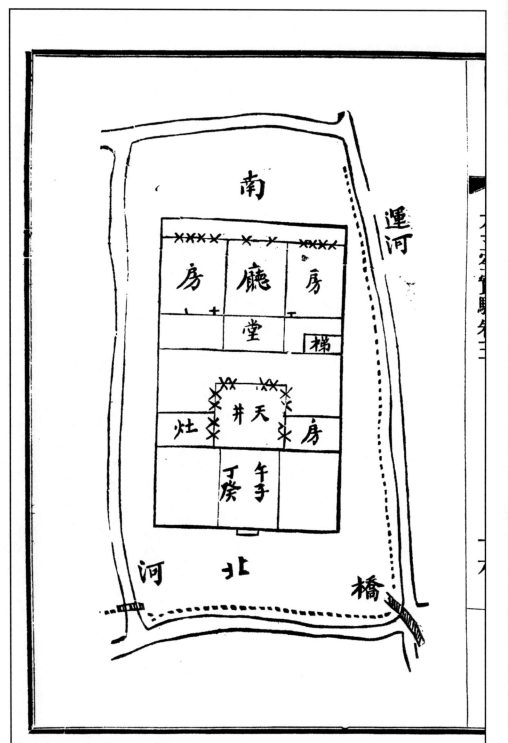

●復書

敬復者接二十二日大札。藉悉尊居係二運午山子向兼丁癸。現叉添造後進。九月十二上樑尚未交冬至節。仍作三運推算。查外局面坤巽乾艮均有三义水口坤巽艮三宮均合用。惟乾水不合。如在宅不不見最好。頭�240西間臥房坤門。有上中兩間均合。惟東間走乾門不宜。能走坎方最佳艮方淤浜。能開通最好。特此奉復敬頌台祺。

●興國州來函

中元生旺之氣。應主吉利東間灶座亦吉。新造後240扶梯在乾宮輪值離火乾金似不為合。還取艮宮為是。樓上房門西

敬啟者。前閱穆先生介紹一則。深為仰佩今又讀悉有道以
普渡為懷將獨得之秘密取公開主義併印有大玄空路透
書刊印行世又精造大玄空新羅盤發售以便後學採用免
為他家學說所亂茲特先行函詢以便購用外尚有請者辨
正中有乾山乾向水流乾坤山坤向水坤流。此是否說理氣。
後學屢受諸先生指示。尚未言其所必然之理想必由卦位
研究為入門而三元不敗即由于卦之始也冒瀆上呈伏乞
示教幸甚此上恭請道安。

● 復書

一部辨正翻天倒地。總不出體用二字。然體與用較則言用

多而言體少陽從左陰從右顛顛倒二十四山有珠寶順逆

行。二十四山有火坑說得顛倒顛便是大羅仙等語所講無

非玄空大卦乾山乾向坤山坤向者。非地卦之乾坤。乃天卦

之乾坤也。一指六運一指二運有乾山而後有乾向有坤山

而後有坤向乾水坤水者氣得其用耳氣得其用是有此應。

故此句重在得山得水不重在某山某向也非指坐山向首

兩卦言乃指坐山或向首一卦言之也崇復即請台安。

●廣西陸川來函

叩別師門忽逾旬日宮牆翹首戀結殊深比維道履潭祺凡

百勝常定符遠祝農拜辭後於夏歷初七日安抵香港現在

聽聽堂藏版

友人處。暫行借宿尚未賃得相當房屋居住茲有懇者講義
中第十三頁大玄空挨星秘訣惟空位忌流冲二句究竟旁
六宮。如何謂之空位細看皆未明曉乞吾師註明寄下是所
盼禱餘容續上敬請講安。

● 復書

久慕盛名欣於滬濱相遇先生學富經才傍及三元可欽可
仰鄙人以公事之暇兼參輿道抱公開以濟世所編講義現
已告竣從事付刋題曰大玄空路透訂成兩册一俟告竣即
當寄奉不誤所詢空位一語除坐山向首兩宮其餘傍六宮。
均屬空位。如立乾山巽向則坎艮震離坤兌六宮爲空位如

立子午癸丁。則艮震巽坤兌乾六宮爲空位蕭復敬請鈞安。

以上各件祇載某地來函不具姓名者因內中措詞均關

實地實事徵之各本人未必一致而於研究方面則頗有

裨益不得不擇善錄出聊作參考想亦研究諸君所贊許

也。

談氏三元地理大玄空實驗卷三終

談氏三元地理大玄空實驗卷四無心道人原序

古云地理之道看書不如覆坟多又云得法歸來好看書故
巒頭爲體理氣爲用然歷來談地理者巒頭有証竟作開場
大旨理氣無傳反笑愚惑之訛說人所共信殊不知名雖葬
地實係葬天地隨天轉艮不誣也近有時師共遵假捏三元
之法某運某向鉄板不易可發一笑要知元運元元各向可
立蓋以砂水峯巒應立本元何向方稱元空秘旨豈如時師
在夢說三元之法乎予既得其法又精參舊地運會胸中是
以登地觀局勢必探其何運所扦自符於法草錄斯本因名
曰臨穴指南未識可博高明一笑否

聰聽堂藏版

談氏跋

此書得之楊師手授藏之數年不敢示人因想歷來各學術。

非公於世不足以求進步去年曾倣本書特將大玄空九星

五行盡數公開評判生旺衰死載明九運二十四各山向陰

陽宅宜忌用神閱之已可一目瞭然茲再將太師章氏實驗。

悉數披露以供研究其玄空飛星祇列後天暗射圖與前著

大玄空路透書兩兩相對何卦何星瞭如指掌其應驗之神

速可無疑矣吾人欲求富強無他別法能人人生養死葬得

乾淨之土未使非挽救之一線希望也用敢表而出之質之

上天其亦罪我否乎民國十三年甲子孟秋談養吾謹跋

三元奇術研究社主任武進浩然談養吾補註

第四章實驗

●實驗一

巽	離	坤
震	中	兌
艮	坎	乾

常州張宅。一運癸山丁向坎氣坤水曲朝離
向透迤合聚巽方折消艮出葬時有二子長
行二次行四俱窘迫葬後長生三子漸能讀
書入泮補廩以後連生葬者之曾孫書香不
斷入泮頻頻名師嘖嘖財氣不缺亦不大旺次子身拔州同
之例生五子各援例次子出仕縣丞并署篆葬時即為水客。

聽聽堂藏版

大發資財豪氣森森凡當公事與府縣會同紳士共推爲倡。

蓋義重財輕。故稱百萬其實分時只有四十餘萬現今葬者

曾孫出仕微員。亦邀縣署。有富者亦有大敗者雖然地已美

矣。未能十全此局取得輔星成五吉也。

（註）坎氣爲將來之生氣添丁之兆坤水八白輔星發福

悠久。向對魁星爲當元之旺氣發貴無疑巽方六白吉神。

惟爲時稍遠耳艮水二黑最合補救此坎最得力可卜一

二六八數運。其餘各運稍退。亦自然之理也。按章氏在下

元七運時當道氣運之評判吾人當隨時活變之非可拘

執言之也。

● 實驗二

```
坤兌乾
離中坎
巽震艮
```

富稱百萬人丁大旺。

（註）坤方三碧生氣兌宮七赤。過堂無力。戌乾亥八白輔星。壬子癸四綠丑艮寅六白諸吉全收。體用兼得自可大富大貴永久不替矣。

● 實驗三

楊宅田龍。一運亥山巳向。大龍身自坤而來。轉庚酉辛戌乾亥壬子癸丑艮寅而去。此地之氣從乾腰落向巽開窩作乾氣。乾方湖水。巽震水。案山開面彎環自明迄今科甲連綿。

無錫石塘灣孫二運子山午向庚酉辛大塘
河。河水自坤離巽震復轉辰巽消出坎方直浜。
當背沖來龍氣糢糊有似兌來有如離方過
河而來核問諸師皆不知主何龍脈但葬後
心耶。

坤	兌	乾
離	中	坎
巽	震	艮

本身發有五六十萬地之佳美在一水得神閱地者可不細

(註)孫氏爲錫邑名族。地當運河之北。在河之大轉灣處。
氣脈最有力。大塘河乃本地土語即運河是也。兌卦八白
坤卦三碧離卦一白巽宮五黃坎宮爲當元令星所謂沖
起樂宮無價寶是也

●實驗四

坤	兌	乾
離	中	坎
巽	震	艮

無錫鄒宅。三碧運卯山酉向。卯上高山尖頂。落脈縮細又聳尖頂仍落脈生石鉗鉗前土墩緊靠墩葬。左右山形一如圈椅土埠軟砂數層以作內襯乾峰遠出十餘里堂氣寬大。巽離坎水皆聚內堂庚酉辛方龍游河水十餘里長屈曲來朝。故發忠倚公狀元。

（註）卯上三碧為山上之龍神酉方內堂為水裏之龍神到山到向已可兆福兼有乾峯九紫巽宮六白離宮一白坎宮九紫其最得力處離宮聯珠相遇青雲路上逍遙出

狀元在此。

●實驗五

巽	離	坤
震	中	兌
艮	坎	乾

發維城公狀元。

錢狀元茶山祖坆。二運丑山未向艮龍左右二山環抱坤峯高遠而秀美可愛未申太湖光亮。離方圓塘如鏡貼近茶山係庚午生故

（註）坤峯為八白輔星未申太湖為本運之令星最合用神其最難得者離方圓塘理氣確合四一同宮科名登發。上元庚午生命宮屬四綠乃最吉利之花甲也路透中陽宅篇註開離門出神童者此也。

● 實驗六

坤兌乾
離中坎
巽震艮

軍帳山稽中堂祖坟三碧運子山午向乾亥

來龍轉坎入首艮蕩坤水曲至離方大開洋。

消出巽酉辛戌低田細看結穴在極低處可

見手法之妙。

（註）乾亥為九紫轉坎入首與四綠生氣合成四九為友。

艮蕩四綠坤水一白離方三碧令星巽方八白五吉並收。

手法之妙在此。

● 實驗七

大玄空實驗卷四

蘆橋薛氏。三運午山子向。離方高山出脈落

平田結穴坎坤震巽乾水。葬後大發丁財。此

局所謂卯山卯向之局也。

巽震艮
離中坎
坤兌乾

（註）卯山卯向之局。第一章玄空篇已詳

耳。按此似屬過堂且吉神旺而凶神衰不患入室之操戈。

●實驗八

註離方三碧旺氣有高山則確合其宜坎四坤五震六巽

七乾九。水法最吉又可謂之打刧惟恐巽水七赤。有微嫌

離中坎
坤兌乾

趙家山吳姓甲辰年葬三運辛山乙向甲卯

乙大塘扞後乾隆乙卯年中舉二人丙辰進

巽震艮

土丁巳進士辛未年又一人保舉經學此亦
一吉之局最長久。

（註）按此坎葬於上元三運發于乙卯丙辰丁巳註乾隆
乙卯是年尚屬雍正末年云乾隆者乃新舊交界之際耳。
以下丙辰。確是乾隆元年均在本運辛未巳進中元四
運乙卯四入中丙辰三入中丁巳二入中辛未六入中太
歲到宮自有此兆。

● 實驗九

小洪橋施宅。四運酉山卯向屋後低田兌水遠來不見從乾
坎至艮轉甲卯乙橫過至巽巳方橋下消出宅之中有池大

發丁財入泮一人寡居三四。

（註）此向令星顛倒屋後低田礄合龍空氣空之妙至艮爲將來之生氣轉甲卯乙九紫至巽宮一白消出正合補救自應丁財大發寡居三四病在宅中一池此時諒在下元旺氣已過黃遇黑黑遇黃所謂二五交加而損主是也。

巽	離	坤
震	中	兌
艮	坎	乾

● 實驗十

前州唐四運甲山庚向巽方大龍身從乙卯甲寅艮丑而去。寅甲方腰落結穴。左右小水環抱內堂壬水圓如鏡亮過亥到戌乾又開洋圓亮如鏡辛酉狹細庚申又亮如鏡坤又來

坤兌乾
離中坎
巽震艮

細不見水光未丁又亮如鏡仍從坤申轉至

庚酉辛方又大開洋如鏡再轉至未大河更

大開洋如鏡共計大小圓亮水光六節貫穿

連珠若是之地亦天功神巧財有二十餘萬。

長房五孫次房二孫富既已得貴必將來。

（註）大龍身從甲方腰結正值山上旺氣發丁可期坎宮

一六水亮貴顯之兆兌宮旺氣乾宮五黃坤宮九紫與向

首四九為友得體得用諒亦唐氏之福也

●實驗十一

王武沂四運辛未年用庚山甲向酉辛戌乾亥壬子癸丑艮

坤兌乾
離中坎
巽震艮

寅甲卯乙辰巽巳一圈亮水六運又附葬兩
穴四運扦後癸酉科中舉連捷共發三進士
（註）兌宮九紫乾一坎六艮八震四巽三。
生旺之氣及貪狼並取妙在水法得力癸
酉年四入中六運附葬令星仍到山到向自當發科

● 實驗十二

坤兌乾
離中坎
巽震艮

錢伯恫祖坟三運丙山壬向平地開窩甲庚
壬丙水亮出神童
（註）甲一庚六壬三丙四水法極妙其吉
全在乎此

● 實驗十三

巽震艮
離中坎
坤兌乾

七塘蔡卓如父辛巳年四運庚山甲向辛戌
來龍乾坎坤巽震水消艮六運發科。
（註）辛戌來龍一為當元旺氣乾宮五黃。
為將來之生氣。乾水一白。坎水六白。坤水
一白。均為吉神。六運
五黃。震卦四綠令星。巽卦三碧。消艮八白。
發科應在坎上一卦。

● 實驗十四

王金麻子四運癸未年用巳山亥向丁未平申庚一路水從
乾轉至艮方屈曲消出癸上大河見亮初扦不利交至乾隆

坤兌乾
離中坎
巽震艮

三十二三年發財起至六運財秀均發。

（註）初扦不利。因申水二黑庚水七赤所

致艮水八白癸水一白均吉查乾隆三十

二三年巳進五運五黃雖不得力而向首

發者向首之力也大玄空五行之應驗於此可見一班矣。

六白巳屬生氣較之四運更佳諸事順利至六運財秀均

●實驗十五

鄭華官祖坟乾隆十八年用四運酉山卯向坤方高山巽龍

轉兌落脈坎低艮上池水甲卯乙橫過至巽曲消明堂寬平

艮上尖峯近巽遠長房絕至二十九年交五運發財起至五

坤兌乾
離中坎
巽震艮

十六七年官訟退財于四十二年合葬庚子
生至庚申年入泮庚午年中舉。

（註）坤方高山為三碧巽龍五黃兌方八
白坎低有七赤破軍艮上池水為將來之
生氣甲卯乙九紫消巽為一白艮上尖峯為九紫左為長
房故不利此山令星顛倒交五運艮水當旺故發至五十
六七年己在六運無氣可收故敗四十二年丁酉為五運
庚子生命宮屬四庚申年二入中庚午年一入中亦太歲
到宮之應也。

●實驗十六

聰聽堂藏版

坤	離	巽
兌	中	震
乾	坎	艮

巽	離	坤
震	中	兌
艮	坎	乾

● 實驗十七

是也鄙意以爲當時能改立亥巳乃爲全美。

梅村夏姓陽宅。四運壬宅丙向巽屋坤水來

離橫過至巽消出丁卯年痢疾傷三丁心痛。

（註）坤水二黑巳屬衰氣巽水九紫亦不

利坤爲腹痢疾不免離九屬火火屬心經

葬在牛山巳丙空乾亥澗水從兌橫過至申

消出未坤太湖湖中有圓小石一座扦後大

管社山陶沅祖坟五運乙山辛向丑艮寅甲

卯乙辰巽巳高山卯上牛山微有脈即依脈

發丁財丁卯年發科其宅六運造癸山丁向坤離巽橫街巽

上另有一街住後多病乙丑年依原向重新翻造而安。

（註）艮九震五巽四高山乾方六白生氣從兌五消申坤

宮太湖一白輔星與六合成聯珠丁卯年四入中自當發

科其宅坤四離六巽二橫街衰氣重重巽上另有一街為

二黑病符故主多病乙丑年已交七運依向改造玄空五

行已變為下元坤為八白離為六白巽為一白三陽開泰。

已變為發富發貴之宅矣。

● 實驗十八

新濱橋錢氏祖坟乾隆三十八年五運丁山癸向乾隆四十

四年又葬同向丁峯坤山庚酉山遠申庚來
龍坎低田艮內堂浜水至卯見亮丑艮寅外
堂大水從甲卯乙至辰巽消出未上插浜。水
從丙午丁巳至巽辰合消丁丙屋遮午水見
亮。葬後大發丁財乾隆五十二年又另葬辛山乙向山地坤
兌乾高山坤氣庚酉辛澗水卯乙水池艮墩貼近寅高峰葬
後大發丁財嘉慶十二年傷女丁十四年產七十六年傷兩
小丁十二年至十六年犯欽部官司未破家財。

（註）丁峯五黃為山上旺氣午水見亮六白生氣坎低田。
亦為五黃艮七浜水巽出口二黑稍不合六運辛乙上山

坤兌乾

離中坎

巽震艮

下水震水艮峯二黑重重女丁欠審諸凶在此一點。

● 實驗十九

巽	離	坤
震	中	兌
艮	坎	乾

又五運酉山卯向丙氣辰巽直水。扦後交六
運甲寅年犯人命破財庚申辛酉年連傷五
丁此為一吉之局出局不能保也。

（註）辰巽直水為四綠衰氣交六運為零
神當末運時則衰氣更甚凶事頻頻一吉之局者惟五運
一局耳無補救之弊也故立穴首重葬生氣收五吉。

● 實驗二十

偶見一坎五運乙山辛向坤申來水庚酉辛橫過至戌乾聚。

坤　兌　乾
離　中　坎
巽　震　艮

于亥消丁財亦好於六運合葬即大不利所

云不知用法豈可妄為人扞葬古語云我葬

出公卿你葬出賊凶艮不誣也知此用法者。

斷不可為其合葬必欲強勸其即欲於此作

併改向合葬否則雖至交至戚斷不可代其葬也。

坎。必須改向另葬。如欲合葬務勸其將前葬之棺同新棺一

（註）本山向令星到山到向山水合宜坤宮一六水來得

力最長乾方聚水六白生氣最吉至六運合葬則旺氣全

洩變為上山下水丁衰財薄坤水變為五黃退氣乾水九

紫死氣生氣全無所謂出賊凶乃此方之二言耳故立穴

不可不慎。

●實驗二十一

坤	兌	乾
離	中	坎
巽	震	艮

五運庚山甲向離氣卯蕩庚酉平田。葬後四
子皆不生育。至六運即於是地是穴向發開
動棺重新分金後六七年四子俱育財亦好。
此亦一吉之局可保長久前一局出運即敗。

故地理元奧千變萬化全在活活潑潑精參其奧此乃口不
能傳盡在心領神會且同是一吉之局一速一遲似同天壤
之別奚能劃一耶此謂我葬出公卿也

（註）五運上山下水離氣爲二黑卯蕩一白庚酉平田離

爲令星無力。丁衰財薄之兆也。至六運則用得其所。到山到向。自能一變前局矣。至其大玄空飛星之何若請查大玄空路透書中。即可瞭然也。茲各具後天方位名曰暗射者以備閱者從事參考耳。

●實驗二十二

```
巽  離  坤
震  中  兌
艮  坎  乾
```

五運未山丑向。亥壬子癸來水甲卯乙辰巽水來會合丑艮寅方消出扦後大房生男難育。二房有丁財少三房尅妻。

（註）五黃爲九星中最凶之神當其生旺時尚恐爲禍此言路透中已說明亥水與坎水金木相尅。

關乎長房。巽水關乎三房凶多吉少自有此應。

● 實驗二十三

巽	離	坤
震	中	兌
艮	坎	乾

五運壬山丙向巽上來水。丙上亦見水坤上
三叉消出壬方艮寅水亦歸壬消出卯上來
龍扦後大二兩房絕四六兩房好。

（註）巽上八白來水在本運無濟於時向

首爲衰氣坤上三叉則吉艮水三碧衰氣歸壬雖爲旺氣。
失運即凶且令星顛倒終歸於禍至於某房如何大都各
人命宮有關在人活潑用之。

● 實驗二十四

坤	兌	乾
離	中	坎
巽	震	艮

五運午山子向。坎水卯水出賊。一地子癸水。
至坤未消出。一家靠東扞子山午向。窮而出
賊。一家靠西葬丁山癸向。丁少財大好。一家
葬午山子向出瘋疾。一坟吉凶各巽葬塚之

（註）坎水為本運旺氣主吉震坤之水。均為衰氣秘旨云
震巽失宮而生賊丐是也震巽屬木瘋疾亦在此點。故地
之吉凶全在玄空五行用得其宜耳。

穴亦不一向吉凶各判所謂左挨右挨運用只在指掌之間
又云水邊花發水中紅也。

● 實驗二十五

坤兌乾

離中坎

巽震艮

戚塘蔡培祖坟五運庚山甲向戌乾來龍轉

入庚酉入首五里湖在丑艮寅方坤離巽卯

坎水合消艮方入五里湖扦後大敗兼傷數

丁至六運初年原向附葬即大發培戌辰舉

家於原地原向附葬催吉其既葬轉吉附葬又吉二吉並至

六運即隔十一二年尚經大敗更能於六運初仍肯輕信形

後葬吉者皆關時候理所必然也此地先葬於五運之中至

人巳巳翰林葬天之說覆看此坎誠不謬也故有前葬凶而

（註）本山向玄空顛倒來龍方均衰氣水法均失其所艮

故能速效殆亦蔡氏之數形家之妙非時師之庸庸可比也。

水雖屬將來之生氣本能召吉本運旺氣無力應主大敗。

至六運即體用兼得龍與水正合直達補救經云更取貪

狼成五吉山中有此是眞龍細玩此山即能瞭其要旨矣。

● 實驗二十六

五運陽宅癸山丁向巽上浜水從離橫過至

庚酉方曲消巽上節孝坊靠東邊一家亦五

運造同向丁財好二子一女皆啞

（註）九星中惟五七最難用按本運七赤

雖在三般亦能爲禍巽水一白本吉節孝坊當作山論二

黑巳屬死氣主凶二子一女皆啞者其凶在兌宮消水所

致也。

● 實驗二十七

坤兌乾
離中坎
巽震艮

吳姓五運乙山辛向乾兌池水從坤離方低
田流去巽太湖。卯氣又於六運附葬甲山庚
向。又附葬巽山乾向丁財大旺小秀其宅六
運癸山丁向前三間一臙三進後五間一臙
三進第四進靠西一房巽門。本與幼童臥其童子俱病腹中
有塊改艮門。令其不閉雖設不關以通奧妙數月即愈其所
居房內五六人。或生癰瘡或腹內有塊或生脾症一概皆愈。
（註）兌為旺氣乾為生氣有池水為吉巽方太湖為八白

聽聽堂藏版

輔星卯氣五黃令星丁財兼得之局六運能立甲庚亦合

玄空妙意乃理氣家之剪裁非俗師所能道也其宅行巽

門病符之方坤屬土屬脾胃改艮門者取七赤生氣是耳。

● 實驗二十八

坤	兌	乾
離	中	坎
巽	震	艮

無錫北門塘祝源茂。五運癸山丁向一間三

進樓房乾上大塘河來水從兌坤離巽止巽

上另有水來合成三叉轉艮消屋遮財發五

六萬金至六運末年靠東買大房一所另開

大門原向多病傷丁出寡大敗黃遇黑黑遇黃

（註）在五運時水法生旺輔星兼收故大發至六運則變

為衰死之氣紫白云二主宅母多病是也至某水合玄空

某星查大玄空路透中各圖說即可知其根據矣。

● 實驗二十九

坤	兌	乾
離	中	坎
巽	震	艮

四運乾山巽向乾上出脈落平田結穴乙辰

巽巳丙案山朝拱有情巳上來水至巽辰方

其間四曲坤申有水為屋遮攔未丁午丙水。

至巽合聚到卯乙上開洋丑艮方屈曲消出。

扦後丁財大旺此為五吉之局其地左為蔣承祖五運乾隆

三十四年巳丑用戌山辰向發財五萬餘至七運入泮。

（註）乾上玄空五行論值六白巳屬三般巽上案山及來

水有四綠旺氣雙到卯上又爲將來之生氣直達補救兩得五運戌山辰向體用皆合如仍立乾巽則吉凶之分不啻霄壤矣。

●實驗三十

坤	兌	乾
離	中	坎
巽	震	艮

宜興紅林里周延儒祖坟六運庚山甲向。辛酉主山頂峯不正貼身出脈吐唇數十丈唇頭偏斜南高山爲砂北土峯三層繞抱丙高山峯甲卯乙案山拖出兩山脚直射攔堂案外高峰在甲方直挺形如寶塔離巽水合聚卯方轉艮消坎。明堂寬曠有數十畝。

（註）兌卦爲山上龍神。有頂峰最吉。震卦爲水裏龍神合成聯珠。有山有水尤爲難得艮方爲人元兼取之輔星有水發福最久。其吉不可勝言也。

本書合計本有二百圖左右茲特取出三十圖聊作參考。雖未窺其全豹而閱者諒可舉一反三而瞭然矣其餘從略。

●談氏實驗十六圖

以上三十圖爲無心道人原稿此圖皆養吾身立其境實地試驗得來因係近代之物不載姓氏其餘圖說統而記之不下數百種。因限於篇幅從略不載。

聽聽堂藏版

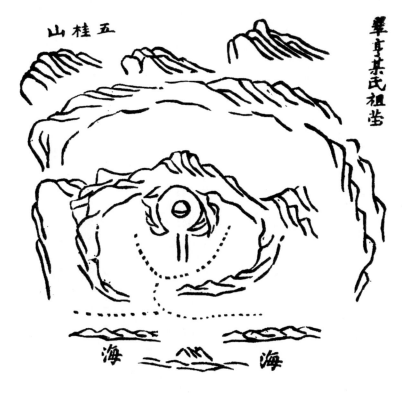

山桂五

鞏亭某氏祖塋

某氏初本寒微。據稱葬時皆
用自己工作。迄今數十年。即
名震寰宇。爲我國偉人足見
地靈人傑之說爲不誣葬於
咸豐四年爲九運戌山辰向
兼乾巽可稱午山午向之妙。
今進中元四九爲友似可再
進一步所嫌朝山不秀恐護
從者多庸碌之輩耳按局本
非尋常在四運尤爲正局能
從事挽救可見手法之妙。

香港某大
老祖塋

某氏年高八旬。爲我國聲譽
最著者常以和平爲前題。一
唱百和舉國稱頌其愛國熱
忱。可爲吾國模範此墓即其
生母也按碑係光緒二十三
年所建實則一運所用庚山
甲向向首衆水合聚經年停
蓄屈折出坎坎艮海水汪洋。
聚而不散本身嫩胍透現三
運得利財局丁口兼旺水主
財祿。山管人丁觀此益明矣。

聰聽堂藏版

九龍

海

香港某財長新宅

某氏心地忠厚。按其舊墓。應
主上元末運大發。已記粵遊
一束內。今年復建新宅。按
香港之最高處蜿蜒而來。聚
蓄本宅宅外馬路繞環以收
龍氣。立丙山壬向宅後有水
有山令星會合於此。定卜秀
士連添庚午年最利向首生
氣。爲三般卦之一。可旺中元
四五兩運海水汪洋左右堂
局頗佳。將來發福定無限量
也。

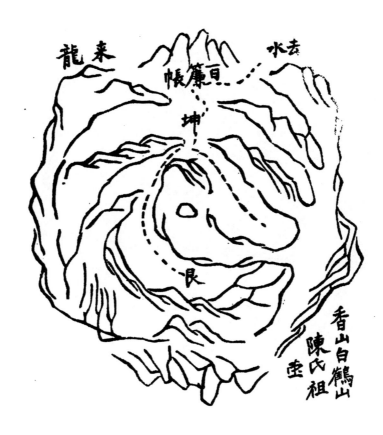

来龍

帳簾百

坤

艮

去水

香山白鶴山
陳氏祖
壺

據某氏云。此地係出友人贈
送按某氏存心博愛當其留
學泰西凡國內人士蒞至悉
數招待並給衣食所謂福人
得福地。觀此益顯矣按此地
局。左右龍虎拱抱前護後擁
界水之玄而出乃天然之結
地也。用於上元二黑運艮山
坤向。理氣雖未見挺秀然竟
得博士少將。上元甲子生下
元。辛亥生均旺經云四一同
宮科名登發者此也。此地當
現在四運。再能修之則將來
更可顯揚矣。

聽聽堂藏版

一七九

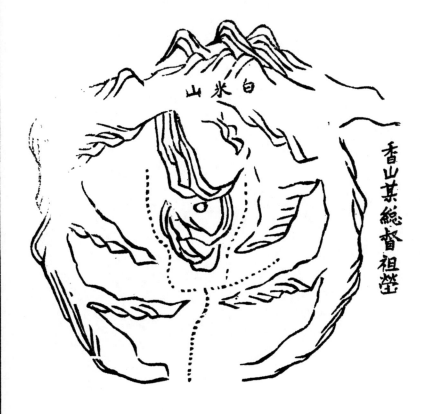

白水山

香山某總督祖塋

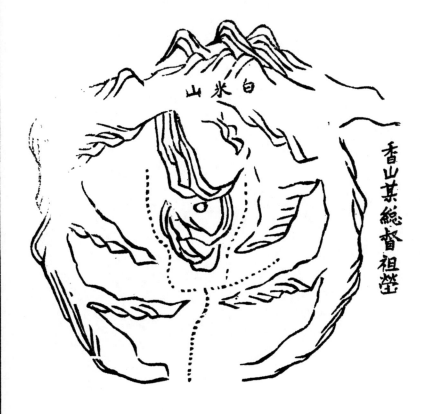

按此山形勢挺秀。爲該縣最
有名之墓。係名師李氏墨齋
手定名曰出水象本山樹密
洋據土人云當同光年間官
陰濃莊嚴可觀遠眺海水汪
職連綿。每遇春秋祭掃旗幟
飄揚皆官銜之最尊者總督
道銜數人惜無碑記查其葬
時年代格之乃辛乙酉卯山
向按其氣運當在一九運大
旺將來六八運仍可大發現
在合族人丁已有數萬云。

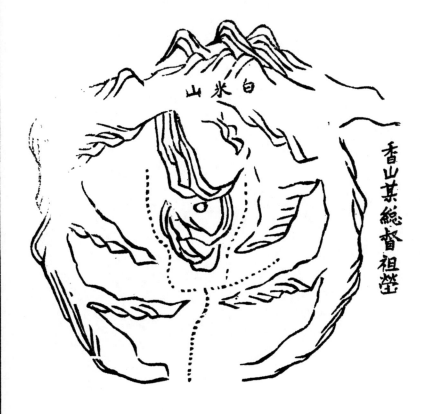

一八〇

心一堂術數古籍珍本叢刊 堪輿類 無常派玄空珍秘

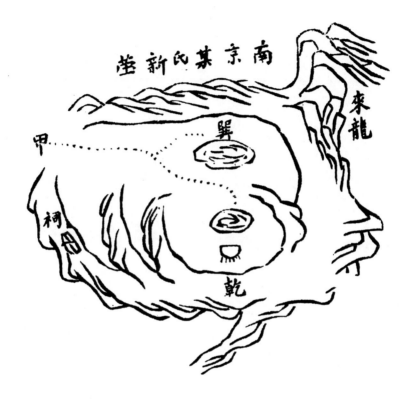

南京某氏新塋

來龍

甲

巽

祠

乾

某氏爲合肥望族。前清功勳
最著據稱其發地均在前之
中下元所築形勢天然因以
得此。此地乃其近時新置者。
按之形勢似非大地其內五
行却佳向首蓄水兩池屈消
甲卯。生旺兼收穴星在龍之
回繞處形如圈椅本運乾山
巽向。體用並合亦發祥之局
也。

聰聰堂藏版

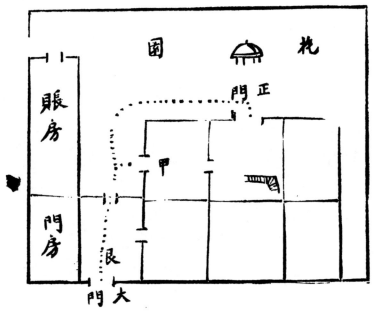

浙西某宅

此宅地當滬西建於三運中年入宅於三運末年正宅壬山丙向前圍空曠外門當宅之艮宮入宅門行震宮住後諸事欠寧財局亦受影響向首已乘衰氣入宅又爲五黃。今年甲子全屋修理倫奐一新又將內門略爲變更以迎四綠旺氣闔宅順利將來發祥眞無限量也。

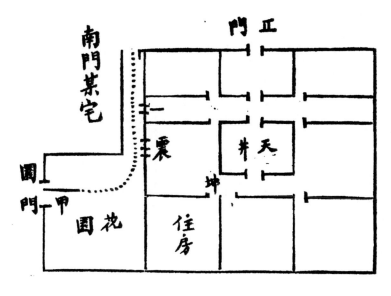

陽宅之吉凶。其驗皆在目前。

此宅造於三運癸山丁向。震宮二門出入。離宮大門緊閉。

宅主上元戊辰命宮與玄空五行相尅動輒遭咎經病日久。當將震門堵塞改行離門。

再將內門改乘生旺之氣。未幾即愈。三合家往往以干支門爲言殊未知玄空之本意也。復人舊宅不難瞭解也。

入門

滬西某宅

房　梯

井　天

房　坎

滬西某宅三間三進頭二進

造於一白運丁財大旺三進

造於三運末年乾山巽向住

房門在艮坎兩宮未幾傷三

四丁建築甚建不易修改擬

於乙丑年大修否則殊難平

安現在住房全數搬出畏之

如蛇蝎嘻亦云難矣。

吳縣某
氏新宅
三運造

路
卯　井　天
小街

此宅建於三運中年。乾山巽
向。屋宇森嚴亭角四崝大門
氣口行宅之左方卯門。適值
九紫衰氣。未幾即失敗經云。
向首一星災福柄故陽宅以
氣口為重今已進中元合局
當旺、急宜修建衰氣變為生
氣。顛倒變為正位挽救之法。
非難事也。

聽聽堂藏版

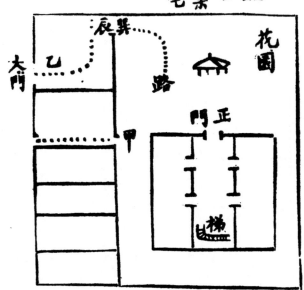

虹口葉某宅

本宅建於三運末葉前園後
樓入宅內路初在宅之卯上。
因之疊受影響去冬擇吉改
行巽門將震卦堵塞以中元
論則為旺氣以上元論則為
五吉。雖工作不無耗費而護
益定可倍增改後諸事獲利。
已見其驗矣。

川沙某氏新塋

田

卯

○

堂 教

某氏本屬信教。墓宅不用相
卜。因見近代大家遇建築等
事。莫不延聘高明。特爲破例
用之以盡孝道平田結穴突
中之窩水法清純坐山高樓
挺立前爲文昌後有武曲生
旺均收。將來文士呈祥可預
卜也。

聰聽堂藏版

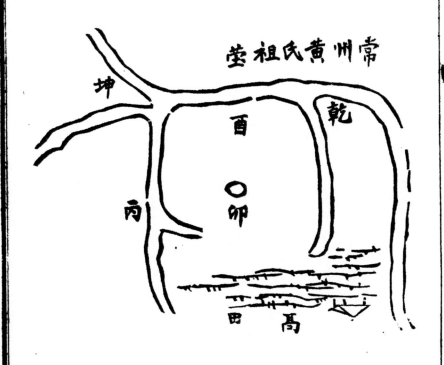

常州黃氏祖塋

某氏素心慈善。爲城東彌陀
家。生二子長孫一次子多女
丁。並多病後將祖塋遷葬於
此。時在民國丙辰年立卯山
酉向。用後次子連生數孫病
亦霍然地雖平洋龍氣極佳。
經云。平洋一穴勝千峯誠不
誣也。

吳縣某氏塋

巽

甲

歐戰時。我國商界之驟富者。

指不勝屈某氏亦其一也墓

近天平田龍瀕水立穴甲山

庚向。巽宮入口坐空朝滿按

三元理氣均不爲合。將來吉

凶殊難測度。今人徒知求表

面不求實在實非孝子仁心

之本意姑誌之聊作研究。

連淇某氏祖塋

平田

丁

乾

田

地在嘉定城東瀕連淇南岸。
平田結穴水勢之玄有情葬
於光緒丁未三運癸山丁向。
坐山高地來龍向首正神疊
疊可稱卯山卯向之局葬後
即發惜穴後龍氣阻斷似嫌
丁衰剪裁本爲形家常事而
斟酌尤宜周詳後山枝河能
從事補塞則龍氣端厚將來
瓜瓞綿綿可預卜也堪輿家
常言目力心力足力三到乃
爲全美。

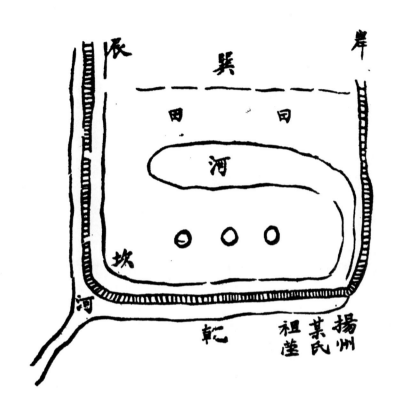

此墓為維揚經營家信用最

著之某氏祖地。在離城東南

二十四里。此處多平洋土皆

青黑色。堆做者居多。黃土之

僅見者。不過圩岸一部份耳。

共計兩穴。二三運乾巽地僅

歆許。四面環水葬後財局大

旺。惟嫌丁衰。當地堪輿家聚

訟數年。咸為兼向之弊。養吾

初至其地。當地名師。咸來訪

問。究竟鄙即勸其補龍之法。

將後山小浜塞塞。則龍旺氣

厚。自有添丁之望。識者頷之。

其法即在平洋與土色之分

耳。

養吾先生大鑒

盤上乾坤安白骨

人間妙術溯青烏

陳夢魁敬贈

三元奇術研究社主任武進浩然談養吾著

第五章 天星

●急葬說

急葬之說。已於前著濟世淺言中詳明矣。閱之者幸獲贊許。

養吾豈敢博求虛譽萬事當求實在。但祈能平實行可矣。惟

恐暴露之風。沿習已深。猶以無吉期爲言茲不得不再加申

言之。昔楊公倡言救貧運用倒杖。以測晷影。以定時刻其法

可謂艮矣。不知者以爲其杖有異術。實則全用陽光耳。太陽

爲至尊之一星。得其光則衆凶皆化。今之七政四餘。即其道

也。堪輿二字本含天文地理二者而言必天得其天。地得其

地方為完善否則時刻轉移陽光散射失之毫釐謬以千里

蔣公云深則論宮淺論度一分一秒不容情全憑測晷之準

驗古之葬法本有常規後人誤信干支遂置天星於不顧。

焉不察以為吉期難逢實則無日無太陽即無日無吉期不

拘拘於何格何局為能得其至尊之一吉耳所謂一貴當權。

諸凶咸伏急葬之法舍此沒由竊願世之已未暴露不葬者。

急樂而行之庶於孝道無愧至其種種利害及行用法已載

前著茲不贅述。

● 天星概略

選擇一法諸家雜出。古人大關特關屢載書冊。如協紀一書

已盡去其牛蔣公一本楊公救貧之法特著天元選擇一章。

以教後人惜後人不察其所以仍用干支不知干支聊以紀

歲。非以選擇也候星之法以七政經緯爲本候其到山到向

合時合局取其精光燭照俾死者得此陽光成爲吉命則無

所謂太歲三煞七煞也第一集路透中略備干支乃從俗耳。

吾人能行用蔣公選擇之法則無日不可造葬無時不可用

事可免一切拘忌可闢一切邪說惜乎近世少見多怪反謂

之異術耳惟一般高明者尙能信用今後不關除迷信則已。

苟欲倡行勢必以採取天星爲主茲因編著之便聊撮數語。

以為來者諸熱心之倡至其詳細用法後當續出茲先將其

大略披露之

●造命辨

歷觀造命各書其說有二日逢卯安命日逢酉安命不知天

地間之有物類全賴陽光燭照無太陽則生機絕滅矣故西

人學佛成仙有以頌拜太陽呼吸陽光為法者此法雖未彰

著而行之者頗不乏人且成效卓著足見陽光之於人生誠

至寶也故造命家取日出為命卯為日之門戶萬物之母其

法至善後人不知原理誤以人之死也已歸於陰取日落於

酉為命蔣公不云乎死者命從生者定葬者藏也其吉凶禍

福。仍應及其子孫葬者安則生者多福葬者不安則生者多
禍。未聞有葬者凶而其禍祇在冥冥間者營葬雖爲死者吉
凶仍關生人於此可見逢酉安命取其已入於陰之說爲不
可據墓宅之吉凶大都由乎天氣流行與夫人之氣血有密
切關係存焉猶物之根荄與枝葉然息息相通不稍假借也。
養吾學識謭陋不敢強以此說爲是爰舉其義以質世之高
才者。

●試用法

候星之法仍以天地人三元爲主分爲天地人三盤玄空五
行及二十四山屬地盤十二宮爲人盤太陽十二辰宗動天

為天盤。地盤不動天人兩盤。則隨時變遷看月將之流行。五
星之躔度配山向之吉凶合格成局乃為上吉再分其四時。
定其恩用難忌或照山或照向。或夾照拱照橫天交氣等等。
乃為全美不知者。誤以太陽到壬即修壬山太陽到子即修
子山不知天盤之壬與地盤之壬不同天盤之子與地盤之
子不同天常動地常靜也日出為卯。日落為酉日中為午夜
深為子此地卦之方向。非天卦之方向也天卦之運行則一
日為一小周。一年為一大周晝夜不息旋轉不已能明此天
地盤之樞紐則俟星之法得矣欲求詳解請看鄙製混天寶
照新圖。如今年甲子八月中秋日日躔巳宮十九度三十六

分。月躔亥宮十一度五十六分金星在午宮三度三十四分。

水星在巳宮十三度十分孛星在申宮十八度四十二分立

某山某向。即以月將加時。看某星在何宮度成何格局其吉

凶宜忌即瞭如指掌矣。作者神而明之可也。

●隨地測時法

候星最重時刻如時刻不準則星度即差格局不成差之毫

釐謬以千里此無他。乃地球之經緯線不同日光普照早遲

之分耳其最善之法即將日晷按照節氣在用事地點測定

鐘點分刻則所定時刻。自可絲毫不爽若拘拘以一地之鐘

表爲準。則東西南北相距數百里或數千里較之當地必大

聽籟堂藏版

相懸殊矣可不慎歟。

日。月。

●十一曜

土木火金水孛羅計炁。

●用星（一名福星）

春 金土　夏 水孛　秋 木炁　冬 火羅

●恩星

春 火土羅計　夏 金　秋 水孛　冬 木炁

●難星（當令極旺之星）

春 木　夏 火　秋 金　冬 水

●忌星（尅制恩用之星）

春 除金土火羅計外　夏 除水孛金外　秋 除木炁水孛外　冬 除火羅木炁外

●三合照

申子辰　寅午戌　巳酉丑　亥卯未　坤壬乙　艮丙辛
乾甲丁　巽庚癸

●同宮夾照

午山丙丁　坤山未申　酉山庚辛　乾山戌亥　子山壬癸
艮山丑寅　卯山甲乙　巽山辰己

●隔宮夾照（舉八大山為例）

午山巳未辰申　坤山丁庚丙辛　酉山申戌未亥
乾山辛壬庚癸　子山亥丑戌寅　艮山癸甲壬乙
卯山寅辰丑己　巽山乙丙甲丁

●坐照（舉八大山為例）

聽聽堂藏版

午山午　坤山坤　酉山酉　乾山乾　子山子　艮山艮

卯山卯　巽山巽

●對照（舉八大山為例）

午山子　坤山艮　酉山卯　乾山巽　子山午　艮山坤

卯山酉　巽山乾

●拱照（舉八大山為例）

午山亥丑　坤山癸甲　酉山寅辰　乾山乙丙

子山巳未　艮山丁庚　卯山申戌　巽山辛壬

●橫天交氣（舉八大山為例）

午山卯酉　坤山巽乾　酉山午子　乾山坤艮

子山酉卯　艮山乾巽　卯山子午　巽山艮坤

民國十三年甲子季秋付刊

版權所有　翻印必究

著作　　武進浩然談養吾

版權　　上海新閘路北成都
　　　　路祥安坊七百十六
　　　　三元奇術研究社

發行

代印　　上海山海關路南興坊一百
　　　　十七號半電話西一六三七
　　　　東方美術印刷公司